HUAQIAO
GAODENG JIAOYU YANJIU 2020

华侨高等教育研究 2020

——— 第2辑 ———

陈颖 ◎ 主编

中国国际广播出版社

图书在版编目（CIP）数据

华侨高等教育研究. 2020. 第 2 辑／陈颖主编. --
北京：中国国际广播出版社，2020. 12
ISBN 978 - 7 - 5078 - 4803 - 8

Ⅰ. ①华… Ⅱ. ①陈… Ⅲ. ①华侨教育 - 高等教育 -
研究 - 中国 Ⅳ. ①G74

中国版本图书馆 CIP 数据核字（2020）第 246756 号

华侨高等教育研究 . 2020. 第 2 辑

编　　者	陈　颖
责任编辑	张娟平
装帧设计	文人雅士
责任校对	李美清

出版发行	中国国际广播出版社 ［010-83139469 010-83139489（传真）］
社　　址	北京市西城区天宁寺前街 2 号北院 A 座一层
	邮编：100055
印　　刷	廊坊市海涛印刷有限公司

开　　本	710×1000　1/16
字　　数	143 千字
印　　张	11
版　　次	2020 年 12 月　北京第 1 版
印　　次	2020 年 12 月　第 1 次印刷
定　　价	50.00 元

目　录

华文教育

1　华侨大学境外生高等教育需求调研
　　……… 陈明杰　郑双杰　罗　漪　伍宇波　陈　超　毛源康

20　工程教育认证背景的境外港澳台侨学生的
　　教育教学改革研究与实践 …………………………… 罗　漪

32　回归 20 年来澳门成人教育研究综述 ………… 肖威威　蔡立强

思政教育

45　论哲学践行在高校素质教育中的应用 ………………… 黄俊维

57　习近平劳动观融入大学生思政课教学研究 …………… 刘金花

教育教学研究

67　"项目 + 双导师 + 团队"的 MPAcc 培养模式创新与实践
　　……………………………………………… 吴立源　陈金龙

77　基于"乡创工作坊"的高校乡村规划实践教学启示
　　……………… 黄媖露　张家睿　成　丽　乌云巴根　桑晓磊

87　混合式教学模式下师生互动提升策略研究

　　——以"工程经济学"课程为实证

　　………………… 祁神军　詹朝曦　肖争鸣　叶秀品　张　泳

101　实验研究教学方法与运用探析 ………………………… 王惠娜

108　燃烧理论视域下的高校专业课程教学路径研究 ……… 田洁玫

117　关于概率论与数理统计教学改革的研究 ……………… 皮定恒

127　艺术设计类专业硕士课程案例库的建设与应用

　　……………………………………………………… 陈　清　赵　洋

高效管理

136　华侨大学疫情期间学生在线学习调研报告

　　……… 陈　超　郑双杰　陈明杰　伍宇波　池　杰　邱卓豪

154　"双一流"建设背景下华侨大学人文社会科学

　　研究基地建设的问题及对策 ……………………… 陈俊源

Contents

1　A Survey of International Students' Demand for Higher Education

in Huaqiao University ⋯⋯⋯⋯⋯⋯⋯⋯ Chen Mingjie, Zheng Shuangjie,

Luo Yi, Wu Yubo, Chen Chao, MaoYuankang

20　Research and Practice of Education for Students

from Hong Kong, Macau, Taiwan and Overseas:

From the Perspective of Engineering Certification ⋯⋯⋯⋯⋯⋯⋯⋯ Luo Yi

32　A General Review of the Research on Macao Adult Education

in the Past 20 Years ⋯⋯⋯⋯⋯⋯⋯⋯⋯⋯⋯ Xiao Weiwei, Cai Liqiang

45　On the Application of Philosophical Practice for Liberal Education

in Colleges and Universities ⋯⋯⋯⋯⋯⋯⋯⋯⋯⋯⋯⋯ Huang Junwei

57　The Integration of Xi Jinping's Labor View into the Ideological and

Political Course for College Students: Evidence from Introduction to

Mao Zedong Thoughts and Theoretical System of Socialism

with Chinese Characteristics ⋯⋯⋯⋯⋯⋯⋯⋯⋯⋯⋯⋯⋯ Liu Jinhua

67　On the Innovation and Practice of MPAcc Cultivating Model:

A "Project + Bi – mentor + Team" Approach

⋯⋯⋯⋯⋯⋯⋯⋯⋯⋯⋯⋯⋯⋯⋯⋯ Wu Liyuan, Chen Jinlong

77　Enlightenment of Practical Teaching on Rural Planning in Colleges

Based on "Rural Innovation Workshop" ⋯⋯⋯⋯⋯⋯⋯ Huang Yinglu,

Zhang Jiarui, Cheng Li, Wuyun Bagen, Sang Xiaolei

87　On the Promotion Strategies of Teacher – student Interaction with

Blended Teaching Model：A Case Study of Engineering Economics

　…… Qi Shenjun, Zhan Zhaoxi, Xiao Zhengming, Ye Xiupin, Zhang Yong

101　An Analysis of the Teaching Method and Application of

Experimental Research ……………………………… Wang Huina

108　Research on the Teaching Path of College Professional Curriculum

from the Perspective of Combustion Theory ……………… Tian Jiemei

117　Research on the Teaching Reform of Probability Theory

and Mathematical Statistics ……………………… Pi Dingheng

127　The Construction and Application of Case Base for

Master's Course of Art Design ……………… Chen Qing, Zhao Yang

136　A Survey of Students' Online Learning at Huaqiao University

During the Pandemic Period ………… Chen Chao, Zheng Shuangjie,

Chen Mingjie, Wu Yubo, Chi Jie, Qiu Zhuohao

154　The Construction of Humanities and Social Sciences Research

Bases at Huaqiao University in the Context of "Double First – class"

Initiative：Problems and Countermeasures ……………… Chen Junyuan

华侨大学境外生高等教育需求调研^①

陈明杰　郑双杰　罗　漪　伍宇波　陈　超　毛源康

摘　要： 站在新时代的起点上，国际国内经济与政治形势愈加复杂，对高等教育的发展产生了极大的冲击。华侨大学作为直属中央统战部领导的两所侨校之一，肩负着"为侨服务，传播中华文化"的使命，是国家为海内外培养华侨华人及留学生优秀人才的教育重地。近年来，境外生的来源不断扩展，其教育需求也呈现多样化、个性化的特点。为此，以华侨大学境外生为样本进行问卷调查研究，深入了解境外生的高等教育需求，以期为制定具有持久吸引力的教育策略和服务方案提供参考和借鉴。

关键词： 境外生教育；问卷调查；需求分析；侨校

① 基金项目：华侨大学教师教学发展改革项目（项目编号：19JF - JXGZ23）；福建省大学生创新创业训练计划（项目编号：S202010385048）。

通讯作者：郑双杰（1985— ），男，福建厦门人。副教授，博士，主要从事土木工程的教学与研究。

华侨大学创办于 1960 年，由周恩来总理亲自批准设立，2018 年入选福建省"双一流"建设高校，是直属中央统战部领导的两所侨校之一，也是中央统战部、教育部与福建省实行"部部省"共建的综合性大学[1]。学校拥有泉州和厦门两个校区，均坐落于中国著名侨乡福建省闽南地区。建校 60 年以来，华侨大学秉承"为侨服务，传播中华文化"的办学宗旨，因侨而立，以侨而兴，为海内外培养了超过 20 万名各行各业的优秀人才，其中超过 5 万名境外生校友分布在港澳台地区、东南亚，以及海上丝绸之路沿线国家与地区，成为促进中国与境外地区交流的和平使者与合作伙伴。

华侨大学积极开展特色鲜明的国际交流合作，跻身中国政府奖学金来华留学招生院校，共设立 84 个全球办事或招生机构，创办全英文授课的国际学院，并与五大洲 50 多个国家和地区的 200 多所高校签署了校际合作协议。目前，学校拥有在校本科生与研究生共计 3 万余人，其中近 5 千名境外生为来自全球 50 多个国家和地区的华侨华人、港澳台地区和外国学生，约占学生总人数的六分之一，使其成为全国招收境外生最多的学校之一[2-3]。

当前，国际国内形势愈加复杂，高等教育的发展日新月异，境外生的来源不断扩展，其教育需求也呈现多样化、个性化的特点[4-7]。在这种形势下，有必要对境外生的高等教育需求进行深入了解，在符合我国法律及校规校纪的前提下，制定具有持久吸引力的教育策略和服务方案，进一步提升境外生培养质量，使其在毕业后能够为当地的经济社会发展服务，从而实现华侨大学境外生教育的可持续发展，并为国内招收境外生的高等院校提供可资借鉴的参考。

一、调研基本情况

本次调研主要采用问卷调查的方式，基于在线调研平台"问卷星"设计制作中英双语问卷"华侨大学境外生高等教育需求调研（Questionnaire for Overseas Students at HQU）"，考虑了以下几个方面的个性化问题：

基本信息：收集答卷人的性别、年龄段、来源地为港澳台侨或其他、报考华侨大学的原因、所在学院与所处的学段等。

生活适应性：了解境外生在校学习期间的住宿情况、每月生活开支、主要经济来源、气候环境适应情况、在校伙食满意程度、生活便利程度、每年就医情况、社交情况、普通话熟练程度及在校活动范围。

学业适应性：设计问题包括高中学业基础、在校学业现状、各类课程表现、学习时间长度、参加校园文体活动、学术讲座和社会实践的情况。

存在问题：了解境外生出现适应困难的时间点、主要原因、求助对象，以及对教学质量和行政服务的评价。

改进建议：探讨境外生理想的学习语言、校园活动、住宿情况、饮食偏好，还有改善教学与行政的建议意见。

自 2020 年 7 月 8 日起，通过 QQ 群、微信群、朋友圈、电脑端浏览器等多种途径，向华侨大学境外生在线随机发放问卷。截至 7 月 24 日为止，共计回收答卷 127 份，其中有效答卷 126 份，无效答卷 1 份（为境内生作答，与本次调研对象不符，不计入统计分析结果）。有效答卷中，含男生 69 人（55%），女生 57 人（45%），接近 1 比 1 的比例。年龄段主要集中在 20～21 岁（43%）、18～19 岁（27%）和 22～23 岁（21%）。来源地以香港地区最多，共 56 人（44%），其次是东南亚 24 人（19%），澳门地区 22 人（17%），台湾地区 13 人（10%），其他 11 人（10%）。报考华侨大学的原因，约半数是亲友推荐，其次是奖助政策和所在城市。境外生来自校内的 18 个学院，土木工程学院 30 人（24%），旅游学院 20 人（16%），新闻与传播学院 18 人（14%），其余 58 人分布在其他 15 个学院。从答卷人的学段而言，包含本科生 112 人，研究生 5 人，毕业生 9 人。

这说明本次问卷调查的样本具有较好的代表性，有助于相对客观地反映华侨大学境外生对于高等教育各方面的需求。

二、生活适应性

（一）经济状况

境外生进入华侨大学就读，首先要考虑的就是经济问题。由于背井离乡，各个方面的开支都会大大增加。如果经济问题不解决，境外生就不能安心求学，甚至要面临中途停止学业的风险。

针对每月开支的问题，参加问卷的境外生中有 36% 回答是人民币 1000～2000 元，28% 的境外生选择 2000～3000 元，16% 的境外生选择 3000～4000 元。这三个区间共占总人数的 80%，说明大部分境外生的开支情况属于中等水平。余下学生中，有 12% 选择每月开支为 4000 元以上，8% 选择 1000 元以下，这表明境外生群体的经济状况存在一定的两极分化。

就"从哪些途径获取就学期间的经济来源"这一问题，绝大部分境外生的选择是亲友支持，共 102 人（占总人数的 80%）。约半数学生的选择是奖助学金，共 71 人（占总人数的 56%）。另外有 25% 的选择是私房钱，20% 的选择是兼职打工，5% 的选择是创业或其他途径。总体而言，原生家庭的亲友支持仍是境外生完成学业的最重要的经济保障，来自学校的奖助学金也是不可或缺的重要来源，仅有较少部分的境外生以兼职打工、创业或其他形式补贴留学费用。

（二）气候环境

华侨大学拥有泉州、厦门两个校区，均位于闽南金三角地区，全年气候温和，环境宜人，属亚热带季风气候区域，是求学的理想之地。但是，由于境外生来自世界各地，其家乡的气候环境可能与泉厦两地存在较大的差异，从而会造成水土不服等生活适应问题。

在回答是否适应校园当地的气候环境时，境外生中有22%的答卷人选择非常适应，48%的人认为比较适应，这两部分学生占总人数的70%。约有27%的境外生认为校园所在地的气候环境为一般，没有明显的舒适或不适的体验。仅有3%的境外生选择是对两校区气候环境不太适应，而认为很不适应校园所在地气候环境的人数为0。

对校园当地的气候环境是否适应，还可以体现在每年就医的次数上。针对这个问题，44%的境外生回答每年就医次数为0，仅就医一次的答卷人比例为28%，两者共占所有答卷人的72%，该比例与回答比较适应或非常适应校园当地气候环境的境外生比例，即70%是一致和相符的。每年就医次数达到两次的人数比例为17%，选择三次的为5%，达到四次及以上的为6%。总体而言，年就医次数越多，人数的占比越小，说明大部分境外生可以适应泉厦地区的气候环境，仅有小部分人出现水土不服。

（三）饮食起居

到校入学安顿，适应环境后，在日常的留学生活中，每天都要面对的是饮食起居等基本问题。这也是影响境外生留学生活是否顺利的重要因素。

首先是境外生住宿的问题。高达95%的境外生选择居住在学生公寓，其中70%的答卷人选择的是双人间，24%的回答是多人间，仅1人（约占1%）选择单人间。其余占比5%的境外生居住在校外，零星选择校外租房独居、群居或购房。

其次是对校内伙食的评价。约半数的境外生认为比较满意，其中17%的学生认为校内伙食非常好，43%的选择是比较好。大约三分之一的答卷人认为校内伙食一般，共 45 人（占总数的 35%）。仅有极少数境外生对校内伙食有消极反馈，有 2 人选择不太好，4 人选择很不好，这一部分学生约占答卷样本的 5%。

再次是对生活便利程度的反馈。大约三分之二的境外生认为校园及周边的生活是便利的，其中 19% 选择非常好，46% 选择比较好，两者共占答卷总人数的 65%。约三分之一的答卷人选择一般，人数占比为 32%，认为校园及周边的生活配套不好也不坏。选择回答不太好或很不好的人数极少，共 4 人（占总人数的 3%）。

从以上的调研结果可知，境外生在校的饮食起居是可以满足其基本需求的，仅较小部分的学生具有个性化需求。

（四）社会交际

除了课业以外，境外生在留学所在地的社会交际能力，也是其个人能力与综合素质培养的重要体现。这里主要讨论境外生的语言能力、交友情况及社会活动范围。

学习留学所在地的规范语言，是开展社会交际活动的重要基础。采用百分制评价境外生运用标准普通话进行各项活动的能力，其中应付日常生活的平均评分是 82.7 分，办理各种行政业务的评分是 70.4 分，而学习通识教育课程与专业课程的评分则分别是 76.2 分和 75.1 分。

对于在校期间的交友情况，大部分境外生选择好友三人及以上，共 99 人（占总人数的 79%）。回答就读期间好友两人的共 17 人（13%），认为自己有一个好友的答卷者为 5 人（4%），选择自己没有好友的人数为 5 人（4%）。

针对除回家以外，在校期间的活动覆盖范围，有 15 人（12%）选择出过国；24 人（19%）表示自己去过福建以外的省份；48 人（38%）选择去过福建省内校区以外的地市；80 人（63%）表示足迹到过校园以外的市内其他区域。参加问卷的境外生中，余下学生活动范围主要在校园周边，共 46 人（37%）。

调研结果表明，华侨大学境外生的日常听说读写能力良好，而处理业务与课程的汉语能力属中等；在校期间大部分都能建立自己的朋友圈，仅有极小部分的学生反映出孤独离群的倾向；约三分之一的境外生活动范围较为有限，另外三分之二校外活动能力较强。

三、学业适应性

（一）学习基础

中小学义务教育阶段的学习基础，是影响境外生在校学业表现的关键因素之一。为此，设计问题了解境外生入学前的语数英、物化生、史地政、音美劳等课程的情况。

根据问卷结果，境外生自评中得分最高的是语文，平均为 73.39 分，可认为达到中等以上水平。其次是历史得分为 67.06 分，劳动得分为 65.68 分，地理得分为 65.47 分，介于及格与中等之间。另外处于及格线边缘的是数学 64.09 分，外语 63.43 分，音乐 62.12 分。境外生自评认为达不到及格线的课程包括美术 59.18 分，政治 57.91 分，生物 56.31 分，化学 55.80 分，物理 55.70 分。所有 12 门课程的总平均分数为 62.18 分，基本达到通过课程的标准。

基于调研结果，可推测境外生在中小学阶段的学习基础薄弱。其中文科类课程相对基础稍好，体现在语数英、史地政课程均达到及格线以上。而理科类课程则非常薄弱，反映在物化生课程得分均未达到及格线。

（二）学业表现

以华侨大学采用的 5 分制绩点法（GPA）计算课程成绩，参加问卷的境外生中约 14% 的绩点达到 4.0 以上，可认为成绩达到优秀；24% 的境外生选择绩点为 3.5～4.0，课程表现为良好；32% 的问卷结果的绩点介于 3.0～3.5，这部分境外生的成绩可认为是中等，所占的人数比例最大；24% 的境外生的绩点是 2.5～3.0，处于及格线以上；最后还有 6% 的问卷结果是绩点为 2.5 以下，这部分学生处于学业预警状态。总体而言，境外生的绩点呈正态分布，中间多两头少，反映出境外生的综合学业表现。

为了解境外生不同类型课程的表现，还调研了他们对通识课程、专业课程、专业实践、社会实践等四类课程学习效果的自评。其中通识课程的自评得分为 70.77 分，一般包括外语、高数、思修等课程。专业课程的自评得分为 68.54 分，各专业差异较大。以土木工程专业为例，力学、材料、结构、设计、管理等课程为专业核心内容。专业实践的自评得分为 67.07 分，包括课程设计、毕业设计等。社会实践的自评得分最低，为 64.75 分，一般指参加各类竞赛、社团、实习、创业等活动。这四类课程一般按从大一到大四的顺序，安排在各专业的培养计划中，而境外生的自评得分也是随之递减。这从侧面反映出随着课程难度的逐步加深，境外生的学业表现也受到一定的影响。

（三）课业投入

关于每日在课业上所投入的时间，约 32% 的境外生选择 1～2 小时，占总人数的比例最高；25% 的境外生选择 2～3 小时；20% 的境外生选择 1 小时以内；另外有 8% 的境外生选择 3～4 小时，15% 的境外生选择的是 4 小时以上。从调研结果可知，大部分境外生课业投入时间在 3 小时以内，约占问卷人数的五分之四；而课业投入时间超过 3 小时的仅五分之一左右。

针对在校期间听过的讲座次数，33% 的境外生回答是 6 次及以上，所占的比例最高；30% 选择 3 ~ 5 次；参加过 2 次的人数所占比例为 22%，仅参加过 1 次的境外生所占比例为 8%；有 7% 的境外生在校期间未听过讲座。所听讲座次数越多，选择的境外生人数越多，这说明境外生在校期间对于参加学术讲座的积极性是比较高的。

（四）课外活动

除了课程学习以外，参加各类课外文体活动、社会实践等，对于境外生的学业发展和个人成长也是至关重要的一环。

对于在校期间是否参加迎新晚会、校运会、宿舍文化节等课外文体活动，约有三分之二的境外生的选择是参加过。其中 36% 的学生表示参加过 1 项，16% 选择参加过 2 项，18% 的境外生反馈参加过 3 项及以上。余下 30% 的境外生表示未参加过课外文体活动，对校园活动的积极性不高。

在回答参加过哪些社会实践活动时，选择社团工作的比例最高，占参加答卷人数的 44%；其次是选择认知实习与志愿服务，所占人数比例均为 37%；再次是课程设计与专业实习，所占的人数比例分别为 35%、26%；另外分别有 15%、14% 和 13% 的人数选择毕业设计、公司兼职和施工实习；约 8% 的境外生表示自己参与过创新创业活动。

四、存在问题

（一）适应困难

境外生进入华侨大学就学后，出现生活与学业适应困难的时间点及原因，对于教学及行政服务人员来说，是非常重要的信息。

从问卷调研结果来看，出现适应困难的时间点，主要集中在大学一年级，选择该选项的人数占答卷境外生的69%。而自大一入学往后，各个学段出现适应困难的比例逐年减少，选择大二、大三及大四的比例分别为24%、17%及12%，说明境外生逐渐适应校园生活与学习。研究生阶段出现适应困难的比例为3%，这可能与境外生读研人数较少有关。毕业季出现适应困难的比例约为6%，人数较少，但毕业季往往是学业问题、毕设压力、情感变故、工作就业等多种状况交织的时期，需要特别关注。

对于为何出现适应困难，是生活问题还是学业问题等，境外生最为关注的是学业问题，占总答卷人数的53%。其次是未来恐慌和水土不服，分别为32%和30%。再次是心理不适（占17%）、经济困难（占17%）、社交障碍（占15%）。少部分境外生选择语言问题（14%）、身体不适（13%）、感情纠葛（10%）以及家庭变故（6%）。

（二）求助对象

背井离乡的状态下，如果出现适应困难问题，境外生会倾向于向哪些对象求助呢？这是防范问题于未然的重要线索。

大部分的境外生选择的求助对象是朋友，占总人数的76%。其次是向自己的亲人求助，该选项的比例为55%。再次是求助于室友，人数比例为33%。除了朋友、亲人及室友这三个选项以外，考虑其他对象的比例比较少，而且也没有明显的倾向性。其中，选择班主任的为13%，学生干部为9%，专业课教师为8%，行政教师为7%，专业医师为6%，宿管为6%，学校领导为4%，以及其他途径为7%，人数都是零星分布。

调研结果表明，朋友、亲人及室友最可能在第一时间了解境外生出现适应困难。而其中境外生的朋友与亲人中，父母或监护人是比较可能建立固定联系的对象。室友的作用也非常重要，朝夕相处，比其他人更容易发现潜在的异常情况。而境外生选择其他对象的倾向性不明显，说明发现问题、报告问题、解决问题的路径、工作机制与各方职责分配还有待进一步完善。

（三）教学质量

由调研结果可知，华侨大学境外生在校期间出现适应困难的首要因素是学业问题。换言之，教学质量能否满足境外生求学的需求，是非常重要的问题。

针对教学工作多方面因素的成效，境外生的总体评价是中等到良好，平均给分为 72.70 分。问卷结果显示，境外生对教师专业知识、教师综合素质的满意度稍高，分数分别是 76.71 分与 74.34 分；课程设置的得分是 73.94 分，教材选用的得分是 72.47 分；考试方法的得分为 72.43 分，学业帮扶的得分为 71.97 分，以及课程表的评分为 71.20 分；课程习题情况得分仅为 68.54 分，是唯一得分低于 70 分的。

问卷结果显示，境外生对华侨大学的教学质量基本满意，但仍有较大的提升空间。其中课程习题情况问题比较突出。据了解，存在教学期间习题数量偏少，学生反馈练习不足、对知识点掌握不够扎实的情况。另一种极端情况是，教师不加筛选地布置大量习题，学生疲于应付，为按时提交而抄答案，而教师也没有充分时间批改和讲评。

（四）行政服务

境外生在华侨大学留学的各个阶段中，不论是生活还是学业问题，都离不开教务、学工、党团、财务、科研、外联、宿管、保卫等方方面面行政服务的支持和保障。

从境外生招生入学至毕业工作的整个周期进行问卷调查，结果显示招生阶段和入学初期的满意度最高，评分分别为 73.73 分和 73.87 分。大一、大二低年级阶段的行政服务满意度得分为 73.48 分，出现境外生满意度下滑的趋势。及至大三、大四高年级阶段，境外生对行政服务的评分为 68.06 分，降低至 70 分以下。毕业季的评分更低，仅为 66.13 分，比招生入学阶段降低了约 10%。最后是工作后，待境外生成为校友时，对行政服务的评分为 62.72 分，在整个留学周期中的满意度评价最低。

总体而言，境外生对华侨大学行政服务的平均评分为 69.67 分，满意度可认为是中等。而满意度评分随着学段的增加而逐渐降低，既有境外生熟悉校园环境后的心理预期提高的原因，也有可能是学校行政服务的重心偏于留学前期，而对于留学后期的支持和保障还需要加强。

五、改进建议

（一）规范教学语言，探索多语教学

由调研结果可知，华侨大学境外生对自身标准普通话运用能力的自评是：应付日常生活的听说读写能力为良好，办理各种行政业务为中等，而学习课程的能力为中等到良好。境外生的方言多为粤语或闽南语，而教师来自国内外各地，同样带有浓重的乡音。特别是高校教师资格证未强制要求考核普通话，造成许多教师对规范教学语言的问题不是很重视。境外生与教师交流过程中存在较大的沟通成本，容易出现"鸡同鸭讲"的尴尬局面。为此，在教学过程中采用规范的教学语言是非常重要的。

对境外生希望用什么语言进行教学，设计进一步的问卷问题。调研的结果是，80% 的答卷者选择标准普通话，占到境外生人数的绝大多数，这说明标准普通话是教学语言的首选。其次，有 51% 的学生倾向于采用英语作为教学语言，这对于境外生毕业后提升就业竞争力有较大的助益。再

次，约36%的境外生希望能用粤语进行教学，体现了港澳生的区域性特点。选择多语教学的境外生比例为19%，而选择闽南语作为教学语言的比例为8%。

从分析结果可看出，标准普通话是减少沟通成本、提升教学质量的关键。第一，需要专业教师增强服务意识，在教学过程中自觉矫正，实现通顺流畅的口语表达。第二，建议教学管理者在教学培训中增加标准普通话培训项目，并设置适当的学时数要求，为教师提升普通话水平提供平台载体、明确考核要求。第三，从境外生的角度，应充分认识到标准普通话是中国的规范语言，对学习工作和个人发展至关重要，建议参加国家标准普通话考试，既有益于日常学习生活，也可增加自己的一项语言能力证明，为毕业后从教或择业奠定基础。

为应对三分之一境外生所突出反映的未来恐慌问题，从目前的教学语言、未来的工作语言来看，掌握标准普通话以外的一门外语（如英语）、一门方言（如粤语），也是很有必要的。近年来，校内已经陆续开设了一些双语课程，供境外生与境内生选修。比较大的问题是，双语课程的建设费时费力，对教师和学生的语言能力要求很高；优质案例的介绍不够充分，师生对双语教学的了解非常欠缺。这导致教师参与双语课程建设的积极性不高，境外生也容易产生畏难情绪，回避选修双语课程。为此，建议在学校的线上公众号、官网、纸媒、OA 文件，线下的教学培训、工作坊等载体上，增加对优质双语课程案例的展示，消除师生的教与学两方面的畏难情绪。同时，在教师教学工作量、学生课业成绩评定过程中，适当向难度较大的双语课程倾斜，提高教师与境外生的积极性。

（二）丰富校园文化、构建人际网络

境外生同境内大学生相似，参与活动一般以寝室为单位，缺少与其他同学进一步交往的机会，限制了其在校期间建立自己的人际网络。大学时光转瞬即逝，特别是境外生来自世界各地，毕业后重聚的机会也越来越少。为此，很有必要开展一些校园活动来增强班级凝聚力，增进同学间的友谊。

目前，华侨大学有来自 50 多个国家和地区的 4400 多名境外生，是国内境外生人数最多的高校之一。为了践行"为侨服务，传播中华文化"的办学宗旨，造就"一元主导，多元融合，和而不同"的独特校园文化，学校定期组织和开展了丰富多彩的活动。其一是比赛公演，典型活动包括：发源于马来西亚的廿四节令鼓队公演，港澳生创立的金龙队与马来西亚学生创立的醒狮团合作的龙狮公演之"龙狮三国"，以及"风雅中华"境外生经典诵读会、"觞鼎"中华文化节、汉字文化大赛等活动。其二是各国传统节日庆祝活动，如动感欢腾的东南亚佛历新年泼水节、美丽而神秘的泰国水灯节、热情而欢快的境外生美食节等。其三是中外人才交流活动，如外国政府官员中文学习班、安哥拉政府青年科技人才班、海外华人文化社团（龙舟）培训班，以及"中国文化之旅"考察活动。

由此可见，华侨大学针对境外生的校园文化活动非常丰富和精彩。但是，仍有 30% 的境外生表示从未参与过校园文化活动，这值得我们思考。一方面可能是上述境外生校园活动的地域性较为明显，即每个活动指向特定的境外生群体，以其为主或表演或比赛，而其他境外生则扮演观众的角色，旁观而不易融入其中。建议为人数较少的部分国家或地区的境外生，提供展示民族服装、特色美食、民俗舞蹈等特色文化的舞台和机会。另一方面是时效性和媒体宣传问题，往往是等校内师生听说这些校园活动时，已经因圆满结束而错过参与的机会。建议将这些校园活动整合规划，形成序列化的定期活动，制作校园文化系列活动的时间表，并通过线上的微博、微信、公众号、官网等平台推送，经由线下的华侨大学报、通知栏海报、宣传手册等加强宣传力度。另外，约60%的答卷者反馈希望增加班级出游、社团活动与联谊交友的机会，这也是境外生打破固有的交际圈限制，融入更广阔天地的活动选项。

（三）改善住宿条件，营造舒心环境

对于住宿环境的改善需求，大部分境外生倾向于居住在校内宿舍。其中，约61%的答卷人更偏爱校内学生公寓的双人间；32%的境外生希望居住在学生公寓单人间；28%愿意居住在学生公寓多人间，但人数不超过5人；当床位增至6个及以上时，选择校内学生公寓多人间的境外生骤降至不到1%。部分境外生更愿意居住在校外，选择校外合租者最多，占答卷人数的17%，13%的境外生选择校外独居，约7%的境外生希望能在校外购房居住。

个别境外生反映，部分学生公寓的房间存在设施未能及时维护的情况。比较突出的问题有这几点：泉厦地区在春夏两季的雨水较多，湿热环境导致宿舍内的墙面凝结水汽，经过长时间的干湿循环，墙面发霉严重掉粉，期望能及时修复，避免掉粉面积进一步扩展；洗手台的台面与地面偶有渗水；从而影响居住学生洗漱；另外还有上下床的上人梯老旧锈蚀，爬梯时有明显晃动及咯吱咯吱的声响，希望能修复或更换新床。上述情况属于硬件设施问题，需要向宿管或基建维修部门反映。一般情况下，学校总是考虑尽可能地满足学生的需求，但是学生宿舍的空间和容量有限，新旧宿舍楼建成的时间不同，桌椅床铺等家具的更新周期也有差别，各工种维护人员的数量也比较有限，只能循序渐进地改造提升。

据此，建议对学校现有学生宿舍的居住条件进行细致的摸底排查，并根据房间的面积大小、朝向、床位数、有否阳台、卫浴、空调等因素进行评级分类。适当调整相应的住宿费用，从而引导境外生在入学或更换宿舍时，根据自身需求选择合适的房间与床位。同时，对于学生报修的设施进行分级管理，严重影响日常生活或存在安全隐患的，应立即指定专人维护或更换，建议周期不超过一周；出现较小损坏但安全无虞，可先登记备案，按两周或每月定期集中处理；因年久失修或设施老化需要更换的，一般安排在寒暑假学生离校后，分批装修、维护或更新，并重新评定宿舍等级。最后，学校的住宿条件终究是有限的，更需要宣传和引导学生在日常生活中自觉地维持宿舍的清洁，珍惜个人物品，爱护公共设施，与舍友互相包容，分工协作，共同营造舒心的居住环境。

（四）增加饮食品类，缓解思乡之情

"民以食为天"，背井离乡求学或工作的人，为何会出现思乡之苦？据称除了思念故乡的亲友恋人的缘故之外，很大程度上是由于异乡的食物性味不同，造成肠胃不适而引起的。

境外生来自五湖四海，饮食习惯差异较大，喜爱的菜系和菜色各不相同。其中，约70%的答卷者偏爱八大菜系中的粤菜，这与华侨大学境外生多数来自中国香港、澳门特别行政区有关。而排行榜第二名是日式料理，所占比例为57%，据受访者称与港澳地区的饮食习惯有很大关系。近半数境外生喜爱泰国料理（46%）、西餐（46%）、韩式料理（45%）、闽菜（41%）。另外，口味较重的川菜、湘菜也得到了不少学生的青睐，人数占比分别为36%和24%，反映了部分年轻学生对味蕾刺激的喜好。约34%的境外生选择快餐，可能对饮食方面没有特别个性化的要求。其余菜系或异国料理较为小众，选择人数相对较少。

为此，针对境外生的饮食需求，建议增加校内饮食品类。校内餐厅首先需要满足大多数境内、境外教师、职员与学生之就餐需求，故绝大多数窗口宜为简餐或快餐。对于多数境外生偏爱的粤菜，可考虑设置一到两个

窗口，较为定期地供应。川菜、湘菜深受境内、境外不少学生的喜爱，目前已有相应的窗口供应，建议调试辣、麻等重口味，使其更符合多数学生的适应能力。而日式料理、韩式料理、泰国料理等具有异国风情的饮食，可考虑合并设置专窗，进行限量供应，售完即止，既满足部分境外生的个性化需求，又避免因备料过剩而造成浪费。

（五）提高教学质量，激发学习动力

由调研结果可知，学业问题和未来恐慌是境外生出现较多适应困难的突出问题，而解决这两个问题的关键就在于提高教学质量，使学生在校期间学有所获，增强毕业后融入社会与工作奉献的信心。

对于期望从哪些方面改进教学质量，境外生在问卷中反馈最多的是优化课程设置与调整课表时间。这可能与专业培养方案修订较为频繁，课程与学分出现变动有关，也可能是由于部分课程开设的境外生班常安排在晚上或周末授课。其次是提高教师综合素质、优选教材，以及增强教师专业能力，这涉及教师的教学能力与综合素质的培养。最后是改进考试方法、精选习题和增强学业帮扶。试卷设计是否规范合理是学生非常重视的问题，而教师在授课过程中布置的习题数量、题型与知识点覆盖面也会影响学生的学习状态，部分学生遭遇疑难问题无法解决，也耻于跟同学或老师讨论，急需学业帮扶。

针对境外生突出反映的问题，建议从以下几个方面进行改进和完善。第一，各专业培养方案是教学工作开展的大纲与依据，对教务、教师和学生产生的是全局性的影响；建议在入学和毕业等关键时间，为境外生进行培养方案的详细解读，特别要告知影响毕业基本要求的控制因素。第二，关于教师的教学能力与综合素质的培养，首要问题在于端正思想，学习华侨大学创校与发展历程中海内外侨胞的贡献，明确培养境外生是侨校教师的重大责任与义务；在此基础上积极参加涉及境外生的语言能力、课程讲授、学科竞赛和毕业设计等方面的业务培训和教学实践。第三，建议规范期末试卷的出卷过程，建立两人及以上的复核机制，避免在考试现场修正试题，影响学生对教师业务能力的信心；对于课后练习应形成闭环的反馈机制，精选习题、控制数量及覆盖知识点，对学生有问必答，不推诿不搪塞，帮助学生从练习中发现学习盲区并及时查缺补漏，从容应对期末的考核。

（六）优化行政服务，推进留学进程

在境外生的留学进程中，从每天的饮食起居、学习活动到业务办理，无时无刻不在享受学校教职员工所提供的服务。习以为常，就不容易感觉到学校所投入的时间和精力。

对于最期待在哪些方面得到行政服务的帮助，境外生更多的还是关注学业问题，对于生活与业务方面的意见未集中体现。反馈最多的首先是低年级的时间管理，以及入学初期的学业规划，需要专门的指导和协助。其次是招生阶段的沟通联系和高年级的帮扶督促。最后是毕业季的协助指导，还有工作后继续教育方面的支持。

为帮助境外生推进留学进程，顺利走向工作岗位或继续深造，建议学校行政服务部门从四个方面进行业务优化。首先是招生阶段，建议对境外生的文理科学习能力进行较为详细的测评，对数理基础要求较高的理工科专业设置限选名额，避免学习兴趣、能力特长与入学专业不相适应，从源头上减少学业滑坡现象。其次是入学初期和低年级阶段，建议增强对优秀学生或优秀毕业生事例的宣传，着重搜集、分析和比较其学业规划方案和日常作息安排，从而探讨其中的共性因素和可供借鉴的内容，为境外生量身定制合适的个人计划，并按期对学业进程进行统计和评估。再次是高年

级和毕业季，学业、就业问题与能力恐慌往往集中爆发，建议适时安排心理咨询、就业指导与帮扶督促，及时做好应急预案与反应机制，明确各方职责义务，协助学生实事求是地评价学习经历与个人能力，尽早确定适合的毕业去向，为自己的留学生活画上圆满的句号。最后是学生工作后成为校友。可为境外生的继续教育、档案查询、联谊交流和校企合作等方面提供必要的支持和帮助。

参考文献

［1］华侨大学.华侨大学60周年校庆公告［J］.华侨大学学报（哲学社会科学版），2019（6）：2.

［2］刘以榕.华侨高校境外生招生路径的拓展［J］.教育评论，2006（1）：37-40.

［3］黄幼川，洪尚任."一校两生"学籍管理的实践回顾与现状分析［J］.高等理科教育，2005（4）：87-89.

［4］杜艳红.社会主义核心价值观：理性认知与情感认同——对暨南大学境外生的调查分析［J］.东南亚研究，2012（5）：94-98.

［5］刘海琴，徐岗.华侨高等学校的境外生管理模式探索［J］.宁夏社会科学，2008（3）：143-145.

［6］刘以榕.境外生的心理健康教育刍议［J］.江苏社会科学，2006（S2）：111-112.

［7］胡光明.论华侨高校境外生职业生涯规划体系的构建［J］.教育评论，2007（2）：55-57.

华侨大学　土木工程学院

工程教育认证背景的境外港澳台侨学生的教育教学改革研究与实践^①

工程教育认证背景的境外港澳台侨学生的教育教学改革研究与实践[①]

罗　漪

摘　要：为进一步提升港澳台侨学生招生层次和规模，凸显侨校办学特色和优势，做强做优侨校，必须加快以工程教育认证为核心的境外港澳台侨学生的教育教学改革。编制《境外港澳台学生的人才培养方案》，组织学生参与国际交流、到海外企业实习，拓展学生的国际视野，提升学生全球就业能力。施行《土木工程学院港澳台侨及外国留学生导师制》，结合工程教育专业认证的要求，确定境外港澳台学生的毕业目标。开展"通识教育＋宽口径专业教育"，培养境外地区土木工程项目设计、施工和管理工作的中坚力量。

关键词：工程教育认证；港澳台；教育教学改革

① 基金项目：华侨大学教师教学发展改革项目"基于成果导向的境外港澳台侨学生工程教育教学改革的实践与研究"（项目编号：19JF – JXGZ23）

一、引言

2016 年，中国加入《华盛顿协议》，按照"实质等效"原则，聚焦学生中心、成果导向、持续改进等核心理念，进行工程教育教学认证，强调学生的"知识、能力、素质"三维教学目标，突出能力本位教育。《华盛顿协议》激励工程教育教学满足国际标准的要求，毕业生具有与发达国家等同的工程教育素养，在国际工程和跨国就业中有同等竞争能力，使得工程教育认证的结果和工科毕业生质量实现国际互认。

工程教育专业认证遵循成果导向、以学生为中心、持续改进（图1）三个基本理念：成果导向教育（Outcome Based Education，简称OBE），是一种以学生的学习成果（Learning outcomes）为导向的教育理念，认为学生通过教育过程最后所取得的学习成果是教学设计和教学实施的目标[1]。

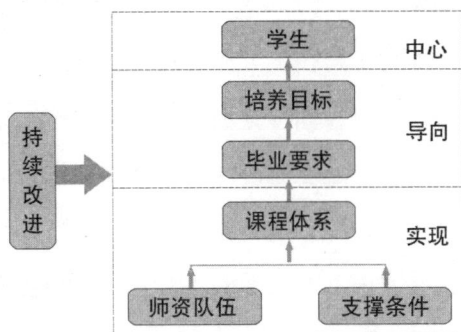

图 1 工程教育专业认证的基本理念

二、学校工程专业教学特点

华侨大学于1960年创办，是中国第一所以"华侨"命名的高等学府。始终坚持"面向海外、面向港澳台"的办学方针，秉承"为侨服务、传播中华文化"的办学宗旨，为海内外培养各类优秀人才超20万名，其中超过 5 万名校友分布在境外各地[2]，主要集中在港澳台地区及海上丝绸之路沿线国家和地区，成为促进中外交流合作的友好使者。

根据《华侨大学深入学习贯彻落实习近平总书记视察暨南大学重要讲话精神专项行动计划》及任务分解的通知，要突出侨校特色，精心擦亮侨校金字招牌。把"两个面向"摆到更加重要的位置，落实到学校工作方方面面，提升港澳台地区侨学生招生层次和规模，深化人才培养模式改革，进一步凸显侨校办学特色和优势，做强做优侨校。完善海外招生工作体系，3 年内新建 20 个海外招生联络处，力争成为"海丝"沿线国家华侨华人学生回国升学人数最多的高校之一。

土木工程专业现有在校本科境外生上百人。根据《华侨大学深入学习贯彻落实习近平总书记视察暨南大学重要讲话精神专项行动计划》及任务分解的通知的要求，努力提升港澳台侨学生招生数量，力争 3 年后港澳台侨学生占在校全日制学生总数的 20%。港澳台侨生毕业后从事工程技术职业的有三大类。第一类为工程技术方向，通常为施工员、建筑工程师、结构工程师、技术经理、项目经理，分别就职于建筑施工企业、房地产开发企业、路桥施工企业等。第二类为设计、规划及预算方向。通常为项目设计师、结构审核、城市规划师、预算员、预算工程师等。分别就职于工程勘察设计单位、房地产开发企业、交通或市政工程类机关职能部门、工程造价咨询机构等。第三类为质量监督及工程监理方向。主要是监理工程师，主要就职于建筑、路桥监理公司、工程质量检测监督部门。这些岗位的职业发展规划，包含考取注册工程师资格（如香港地区土木工程师学会、英国特许工程师、台湾地区结构工程技师、英国注册结构师、香港地区工程师学会（HKIE）等）。这些境外生，将来会成为境外地区土木工程项目设计、施工和管理工作的中坚力量。其中会涌现出一批服务境外的注册结构工程师、注册建筑师，或建造、结构、土木、屋宇装备（建造）或材料（建造）工程界别的注册专业工程师。

由于境外生的外部需求，体现为境外的社会和行业、用人单位等的需求，与境内生有不小的差异，以香港、澳门地区为例：澳门地区采用的规范标准大多数情况下是欧洲标准和英国标准，比如沥青、混凝土结构的规范标准等等。而香港地区，一直采用英国标准。土木工程专业的传统教育教学设计并没有严格区分境内与境外，进行有针对性的设计教育教学。按照成果导向教育反向设计原则，教学设计是从"需求"开始的。内部需求取决于教育教学规律、学校的办学思想和办学定位（包括人才培养定位）以及教学主体的需要等，是传统教育教学设计的主要依据。外部的需求包括政治、经济、科技、文化等多方面的需求，具有多变性、多样性的特点。人才培养目标的确立，考虑内部需求与外部需求相协调，多样性的需求与学校办学和人才培养定位相匹配。深化人才培养模式改革，完善"根学爱梦"四位一体港澳台侨学生培养模式，力争全面开展"通识教育＋宽口径专业教育"的港澳台侨学生培养模式改革。

三、境外港澳台侨学生的工程教育教学研究

华侨大学土木工程专业招收的境外港澳台侨学生，要培养成适应面向未来工程建设和地区经济建设需要，能胜任土木工程项目的设计、施工和管理工作，具备贡献国家、服务社会的精神，具备较强的实践能力和管理能力，具备解决土木工程实际问题的能力，具有国际视野和团队精神的土木工程技术与管理人才。毕业 5 年后能够担任项目的负责人或管理人员，能达到土木工程师的任职水平。有较强的奉献精神，并具备一定的跨文化交际能力。

为了实现这个目标，对于境外生，土木工程学院独立编制了《境外港澳台地区学生的人才培养方案》，核心课程单独开班，有境外港澳台地区

学生的专场毕业设计答辩。探讨改进境外生的考核方式，例如考虑将原有一学期一考试，改为一学期分两次或四次考试，分解教学内容分段考核，以提高教学质量。深化工程教育国际交流与合作。积极引进国外优质工程教育资源，比如引进台湾地区教授、长聘外国专家等。

组织学生参与国际交流、到海外企业实习，拓展学生的国际视野，提升学生全球就业能力。华侨大学设有国际学院，是开展全英文专业教学、培养国际化精英人才的教学科研单位，也是华侨大学国际化办学的试验平台和示范窗口。学校促进学生的国际交流有各种方式，包括联合培养、学分交流和假期研学项目。

加强与"走出去"的企业联合，培养熟悉外国文化、法律和标准的国际化工程师，培养认同中国文化、熟悉中国标准的境外港澳台地区学生。围绕"一带一路"建设需求，探索组建"一带一路"工科高校战略联盟，搭建工程教育国际合作网络，提升工程教育对国家战略的支撑能力。为体现华侨大学办学宗旨，贯彻"华侨大学教学质量提升计划"，为港澳台侨及外国留学生营造良好的学习生活环境，提高学业指导水平，推动人才培养国际化。

土木工程学院施行《土木工程学院港澳台侨及外国留学生导师制》。结合工程教育专业认证的要求[3]，确定境外港澳台地区学生的毕业目标。境外港澳台地区学生的教学设计和教学实施的目标应跟大陆学生相通，又有所不同。根据港澳台地区学生学习基础和特点，帮助港澳台地区学生制订学习计划，实行因材施教；指导港澳台侨学生选课，开展学习方法的指导，培养良好的学习习惯，激发学习热情和主动性，提高学习质量和效率。对境外港澳台侨学生进行能力训练，包括：就业竞争力；职业成长能力和社会适应能力。考取国外注册工程师资格是就业竞争力的一个具体体现，对企业而言，意味着雇员的执业能力已符合国际标准要求，可在世界范围内向业主、向竞争对手证明自己承接国际项目的技术实力，同时也获得与国际上同类型企业进行工程技术、人才培养等方面交流的机会，利于国际化战略的实现；对个人而言，是国际化人才的身份象征，意味着自身的业务能力被全球工程界广泛认可，拥有国际项目的签字权，同时也获得与国际同行交流、参与行业会议等活动的优先机会，将大大拓宽国际视野，有助于人才发展的国际化。

确定境外港澳台侨学生工程教育教学的学习成果。最终学习成果（顶峰成果）既是 OBE 的终点，也是其起点，学习成果应该可清楚表述和直接或间接测评，要将其转换绩效指标，才能持续改进。确定学习成果要充分考虑教育利益相关者的要求与期望，这些利益相关者既包括政府、学校和用人单位，也包括学生、教师和学生家长等。

对于境外港澳台侨学生的工程教育方面，培养专业化人才，就是在专业领域内有"高、精、尖"的潜力，涵盖房屋建筑、公路工程、市政公用工程、岩土工程、造价、咨询、监理等方面。培养国际化的人才，使得培养的学生，不仅要有一定的专业技术知识和水平，熟悉各国的文化差异、掌握第二外语，了解及应用国际法律法规规则，适应国际竞争环境。学生具有多元化的能力，不仅要牢固掌握工程技术专业知识，而且了解和运用管理学、投资、融资、贸易和法律等知识，发展综合能力，具有一定的逻辑思维能力和文字表达能力。技术进步，需要多学科融合，是学科发展的必然趋势。在毕业设计中，尝试不同学科的学生共同完成，例如毕业设计，安排建筑专业，给水排水专业，岩土地下专业，与结构工程专业的学生共同完成。各专业协调、统一、兼顾总体进度和效果优化配合。

对于境外港澳台侨学生所开设的专业工程类课程体系，内容与时俱进，与先进技术接轨，明确社会和行业需求，与我国的产业结构调整发展相适应。科技日新月异，新材料、新工艺、新技术不断发展，学校如何培养适应现代需求的工程技术专业人才是一个重要的课题。对指导教师也提出了一定的要求。指导教师要尽可能地参与前沿的工程项目，如装配式建筑、绿色建筑、建筑信息化 BIM，以及智能建造技术等的应用和实施。2020 年 7 月，住房和城乡建设部、国家发展改革委、科技部等 13 部门联合印发了《关于推动智能建造与建筑工业化协同发展的指导意见》[4]，提出要以大力发展建筑工业化为载体，以数字化、智能化升级为动力，创新突破相关核心技术，加大智能建造在工程建设各环节应用，形成涵盖科研、设计、生产加工、施工装配、运营等全产业链融合一体的智能建造产业体系。到 2025 年，我国智能建造与建筑工业化协同发展的政策体系和产业体系基本建立，建筑工业化、数字化、智能化水平显著提高，建筑产业互联网平台初步建立；到 2035 年，我国智能建造与建筑工业化协同发展取得显著进展，企业创新能力大幅提升，产业整体优势明显增强，"中国建造"核心竞争力世界领先，建筑工业化全面实现，迈入智能建造世界强国行列。把握新的方向和动态，指导教师的工程经验和工程背景，有助于强化学生的工程实践能力培养。

学位基础和专业理论，是所有创新应用的理论基础和源泉。研究机构和企业单位，更欢迎有深厚理论基础的学生。基础课，包括数学、物理、结构力学、土力学、水力学以及弹性力学和材料科学等，是结构分析的基础。境外港澳台侨学生熟练掌握基本原理，理解工程概念，有助于工程常识的培养，对建筑物和构筑物的受力情况进行宏观分析和把控有助于工程决策。专业理论功底不扎实，有些专业课程虽然勉强及格，但是并不具备应用数学、力学的基本原理解决工程技术问题的能力，职业生涯道路就不同。工程中碰到的具体问题，很多都不是学校老师教过练过学习过的内容。但是熟练掌握基础理论的学生通常能够举一反三，具备查找资料、收集信息，利用学过的基本理论解决实际问题等能力。

境外港澳台侨学生的综合素质培养，包括：学习新知识的能力和创新能力，不仅是课程学习成绩的支撑，也包括课程之外的知识扩展、对行业发展的关注、写作水平的提高等；适应能力。对学习、生活持积极心态，愿意适应相对艰苦的环境，养成良好的生活、待人和处事习惯；沟通、管理能力。参加、组织社会活动，开展社团、公益项目、志愿者活动，参与社会实践等；协作能力。培养集体荣誉感、团队意识、顾全大局，培养处理学习和生活以及老师和同学关系的能力，以及在协作中解决实际问题的能力。对事情敢于负责、勇于主动负责的态度，也就是责任心是其中最重要的。培养境外港澳台侨学生对自己和他人、对家庭和集体、对国家和社会所负责任的认识、情感和信念，以及与之相应的遵守规范、承担责任和履行义务的自觉态度。

复杂工程问题，具有综合性。不仅需要专业技术和学科知识，还要结合规范、标准和技术手册，通过对以往案例的经验总结，价值判断，照顾各利益方，各因素综合决定。有一定的基础工作动手能力，到了现场，才能胜任最基本的一线专业技术工作。解决复杂工程问题的能力，需要综合扎实的知识基础，创新思维、开拓精神和研究能力。全面地思考问题，具有良好的人文素养和团队协同[5]。基于成果导向的 OBE 工程教育，通过设置实习环节，培养境外港澳台侨学生具有环境意识、职业道德、团队合作精神、沟通能力、管理能力和终身学习意识，这个过程中合理综合考虑环境、经济、法律、伦理等因素。境外港澳台侨学生，需要随着时间的推移经历认识实习、测量实习、生产实习、毕业设计、钢筋混凝土楼盖设计课程设计、毕业实习、基础工程课程设计、钢结构课程设计、房屋建筑学课程设计、施工组织设计，不仅强调知识领域和知识点，也培养学生的综合素质。

港澳台侨学生工程教育，还包括指导他们参与学术与科研训练，做好毕业论文选题工作，培养学生良好的学术态度，提升学生创新研究能力。其中培养团队精神是工程项目顺利实施的重要因素。鼓励学生多参加学校组织的科创大赛等活动，鼓励优秀港澳台侨本科毕业生攻读硕士研究生。华侨大学与澳门业余进修学校合作办学有一个研究生班项目，为澳门各界人士在职攻读研究生学位提供极好的条件与机会。华侨大学澳门建筑与土木工程研究生招生项目已进行十几年，但毕业人数较少，如何培养、提高毕业率是面临的问题。境外澳门学术型硕士学位点，要求培养学生的学术创作、学术研究能力，但在职研究生因工作繁忙、专业基础较弱等普遍现象，同时导师和学生分处两地，沟通、交流不便，而且也不可能到学校进行必要的试验研究，导致毕业论文写作难。另外，由于近年来，澳门研究生的毕业论文送审的要求，与大陆学生一样，都是通过教育部的平台双盲审。如何提高澳门地区研究生的毕业率，除了各类课程之外，境外生导师系统地给学生讲述研究生的学习基本要求，包括课程学习，及论文完成过程（查找文献资料的方法和途径、开题报告、中期检查、预答辩、论文盲审、答辩、查重这几个重要环节）。澳门研究生向导师一周用邮件汇报一次工作进展，及时的反馈及沟通有助于早日完成学业。

了解港澳台侨个体发展需要，了解生源地所在国家社会人才需求信息，及时进行职业指导和创业指导；结合文化背景、宗教信仰、生活习惯等，为港澳台侨学生提供指导，做好港澳台侨学生的思想教育和行为规范教育工作，关心学生身心健康，提高学生的综合素质；引导港澳台侨学生快速融入国内学习生活，加强境内外学生的融合，培养对中国友好的情感；做好港澳台侨学生的安全教育、证照管理等相关工作。

土木工程师，是社会发展的规划、设计、建设和公共设施管理方面不可或缺的重要力量。建筑物、桥梁、道路、隧道、港口、码头、排水系统以及污水处理厂的建造都是由土木工程师完成的。通过专业实践，培养学生解决复杂的问题和处理有关情况的思维能力，并通过调查和专业实践，以提高他们持续的专业发展的能力，得到专业团体的认同。基于工程教育认证的土木工程教育教学提供理论综合及产业导向的学习经验，来确保境外港澳台侨毕业生在不断变化的领域中获得职业成功。积极进行工程教育认证背景的境外港澳台侨学生的教育教学改革，有利于学校境外生教育事业的发展，有利于学校"侨校＋名校"战略的顺利实施，是学校贯彻落实习近平总书记视察暨南大学重要讲话精神的有力举措。

境外港澳台侨学生的工程教育教学，需要有完善的学生学习指导、职业规划、就业指导、心理辅导等方面的措施并能够很好地执行落实。对学生在整个学习过程中的表现进行跟踪与评估，并通过形成性评价保证学生毕业时达到毕业要求。

四、境外港澳台侨学生的工程教育教学的持续改进

建立教学过程质量监控机制，定期开展课程体系设置和课程质量评价。建立毕业要求达成情况评价机制，定期开展毕业要求达成情况评价。

建立毕业生跟踪反馈机制以及有高等教育系统以外有关各方参与的社会评价机制，对培养目标的达成情况进行定期分析。能证明评价的结果被用于专业的持续改进。

在教学目标上落实专业认证的毕业要求。教学是教与学相互交织的过程，是一个双主体的活动，学生既是教师教的客体，也是自己学习的主体。相应地，教师也是教的主体和学习的客体，这两者互相依赖，不可分割。在教学内容上更注重选择性。相对于传统的"统一"教学，成果导向教学模式在教学内容选择上具有更大的灵活性。教师根据学生的情况，选择不同的教学内容供不同能力水平的学生选择。比如境外港澳台侨学生的外语类课程设置就与境内生有区别，他们可以在大学英语、BEC、外语拓

展等课程任选,而思想政治理论课程,就替换成中国传统文化概论、特别行政区基本法、法律基础等课程。

课程体系方面,用课程矩阵形式表达境外港澳台侨学生的毕业要求与面向境外港澳台侨生的工程教育的课程体系之间的对应关系,构建课程体系。打破课程之间的壁垒,弱化课程本身的系统性、完整性和连续性,强化课程之间的联系性。以达成针对港澳台侨学生的毕业要求为主线,形成课程串(纵向)和课程群(横向),确定每门课程的教学内容和教学时数,构建面向境外港澳台侨学生工程教育的课程体系。在教学过程上更注重以学生为主体[6]。使学生能动地学习而不是被动地上课,通过主动的探究和实践过程培养综合能力。尝试邀请设计、施工、地产甲方等单位的工作人员、校友来给学生进行职业介绍、项目案例的经验和教训分享,这些方式的实际效果比上课说教更好。

参考文献

[1] 李志义. 解析工程教育专业认证的成果导向理念 [J]. 中国高等教育,2014(17):7-10.

[2] 华侨大学学校简介,https://www.hqu.edu.cn/xxgk/xxjj.html.

[3] 中华人民共和国住房和城乡建设部,全国高等学校土木工程专业评估(认证)文件(2017版. 总第6版),http://www.mohurd.gov.cn/js-rc/zypg/201706/t20170621_232299.html.

[4] 住房和城乡建设部、国家发展改革委、科技部、工业和信息化部、人力资源社会保障部、生态环境部、交通运输部、水利部、税务总局、市场监管总局、银保监会、铁路局、民航局,住房和城乡建设部等部门关于推动智能建造与建筑工业化协同发展的指导意见,http://

www. mohurd. gov. cn/wjfb/202007/t20200728_ 246537. html.

[5] 中国工程教育专业认证协会. 关于印发《工程教育认证标准解读及使用指南（2020 版，试行）》的通知，http：//cec. hrbeu. edu. cn/2020/0115/c9425a247842/page. html.

[6] 王显清. 基于 OBE 的地方工科院校人才培养模式研究 [D]. 哈尔滨理工大学，2019：20–21.

华侨大学　土木工程学院

回归 20 年来澳门成人教育研究综述①

肖威威　蔡立强

摘　要：回顾分析回归 20 年来澳门成人教育的研究成果可以发现，研究者们主要围绕澳门成人教育的概况、经验启示、法制政策、存在问题等方面进行探讨，呈现出研究稳步推进、内容逐步完善、视角不断拓宽、逐步聚焦社会热点等特点。但总体来看，对澳门成人教育的研究还缺乏专门的著作，研究水平有待提高，研究方法相对单一。展望澳门成人教育研究，其研究领域与视角应不断拓宽，整体水平将不断提升，更应注重理论联系实际，研究方法应更多元化。

关键词：回归 20 年；澳门成人教育；研究；展望

成人教育在世界范围内发展历史久远，20 世纪 60 - 70 年代，逐渐发展成为涵盖业余教育、继续教育、回归教育、终身教育等诸多内容宏大的

---

①　基金项目：高校思想政治工作专项经费资助（教育部）；福建省教育厅科研项目（项目编号：JAS151465）。

教育体系。澳门成人教育虽有数百年的历史，然而在"二战"后却并未得到长足的突破与发展，这与回归前葡萄牙殖民者不重视教育、澳门地区的整体教育发展滞后有直接关系。1987 年《中葡联合声明》的签订，使"澳人治澳"得到明确，澳门本土社团及人士自主发展的成人教育在探索中成长，开始有少数学者关注并研究澳门成人教育。回归前，有关澳门成人教育的研究不足 10 篇，主要研究内容在于介绍澳门成人教育的基本概况、澳门成人教育对于内地的借鉴以及对于回归后澳门成人教育的展望。1999 年 12 月 20 日，澳门回归祖国，开启了澳门地区成人教育的新篇章。回归祖国 20 年来，澳门地区成人教育由过去的民间团体或私人机构开办发展成为政府、学校、社团、民间、私人与内地联合办学等全方位的教育格局，逐渐形成了多领域、多行业、全方位、国际化的成人教育模式，为澳门社会的社会发展和繁荣稳定奠定了良好的基础。澳门成人教育受到越来越多学者的关注，特别是在研究领域与研究深度、成果的数量和质量方面均较回归前取得了长足的进步，但是从整体来看关于澳门成人教育的研究仍存在一些不足之处。

一、回归以来澳门地区成人教育研究成果回顾

（一）皮书与著作方面

1. 有关澳门成人教育研究的皮书比较少，主要有为庆祝澳门回归 10 周年，由林发钦、单文经主编的《澳门人文社会科学研究文选·教育卷》（*The Selection of Studies in Humanities and Social Sciences of Macau · EDUCATION*），皮书于 2009 年 12 月出版。全书共分为十篇，其中第八篇主要有两章关于澳门成人教育的论述。一章是《澳门成人教育的回顾》（澳门成人教育学会理事会主席梁官汉著），主要回顾澳门成人教育的发展历程，

重点论述澳门回归 10 周年以来所取得的成就。另一章是《终身学习与澳门发展》（澳门创新中学校长崔宝峰著），主要论述澳门成人教育中博士教育的概况，以及博士教育质量等方面的问题。

2. 有关澳门成人教育的著作均是以篇章的形式介绍，回归前曾有张维主编的《世界成人教育概论》，在第二十章中专门介绍了港澳地区的成人教育。回归以来仅有梁文慧、王政彦著的《两岸四地大学发展持续教育合作研究》（2007）在第二章第三节介绍了"澳门的大学继续教育发展与现状"，同时在第二章第五节中介绍了"两岸四地大学继续教育的比较"。

（二）学术论文方面

与澳门地区基础教育、高等教育等层次教育的研究相比，有关澳门地区成人教育的研究显得十分单薄。基于 CNKI、维普、万方等数据库搜索统计，在回归以来的 20 年，有关澳门成人教育的学术论文仅有 40 余篇。随着回归后澳门经济的飞速发展，澳门的教育事业高歌猛进，对于澳门成人教育方面的研究虽未成体系，但较之前已有更深入的研究。据不完全统计，回归 20 年来澳门成人教育的学术论文研究内容可概括为以下几个方面：

1. 澳门成人教育的现状、特点及发展研究

研究现状与特征的主要论文有：《澳门成人教育在发展》（李沛霖，1999），《澳门成人教育概略》（汪宇峰，1999），《澳门成人教育的特色》（夏德清，1999），《澳门高等教育结构特征及其现状》（马早明，2000），《知识社会与成人教育》（黄富顺，2002）。

研究澳门成人教育发展的主要论文有：《澳门成人教育的发展》（区锦明，2000），《澳门终身教育体系发展初探》《澳门学校教育改革的思考从终身教育谈起》（杨凤玲，2001，2003），《澳门终身教育发展探讨》（卢

家顺，2003），《澳门成人教育发展状况》（江希和、高展鸿，2005），《推动终身教育，提高澳门劳动人口竞争力》《澳门的大学持续教育现况与发展》（梁文慧、王政彦，2002，2007），《澳门成人教育发展特征及未来走向探析》（林达蓉，2011），《香港、澳门社区教育发展的新趋势》（张欣，2016），《澳门回归教育制度发展的回顾与前瞻》（陈志峰，2017），《澳门"持续进修发展计划"的实施与成效》（安雪慧，2018）。总体而言，研究澳门成人教育发展的论文较之其他类别充足，主要聚焦于发展特征、现状及趋势等方面内容。

2. 澳门成人教育的法制与政策研究

主要论文有：《澳门成人教育法制的主要特点》（马林，2001）、《澳门的成人教育法制》（马林，2001），《台、港、澳成人教育立法初探》（刘同战，2008）。从中可见，对于澳门成人教育的法制和政策研究较少，从侧面也反映了澳门成人教育更注重实践推动，而对理论政策研究重视不足。

3. 澳门成人教育经验启示与比较研究

主要论文有：《澳门成人教育的发展及其对内地成教的启示》（曾荣青，2009），《闽、台、港、澳四地终身教育比较研究》（黄京钗，2010），《探寻澳门成人教育成功秘诀》（李鑫毅、张文，2011）。其他的比较研究主要来自学术会议的论文，如《发挥论坛作用促进两岸四地继续教育交流与发展》（陈萃光、张国芳、罗遂洪，2004），《应对全球金融危机共商继续教育大计——第十届海峡两岸继续教育论坛综述》（邓铭，2010），《第八届海峡两岸继续教育论坛综述》（陈静科，2007），《澳门终身体育SWOT分析与发展路径选择》（杨再准，全国体育科学大会，2011）。主要是基于当时开展两岸四地学术交流中，针对两岸四地的成人教育进行横向方面的比较，另一方面则是有关澳门的成人教育经验给内地高校带来启示的学术研究。

4. 澳门成人教育的教育教学研究

主要论文有：《澳门教师继续教育路向的探讨》（杨凤玲，2000），《终身学习与澳门高教改革的互动关系》（梁文慧，2001），《澳门在职护理学生学习动机的调查研究》（孟丽荣、殷磊，2006），《论澳门私立中小学教师在职培训方式多元化发展》（黄惠玲，2002），《澳门在职青年对于终身学习的认知及行为研究》（李玺、唐娟、毛蕾，2009）。主要是聚焦于终身学习的理念、行为特点、教师继续教育方面的研究。

5. 澳门与内地成人教育的合作研究

主要论文有：《"一带一路"背景下面向港澳及海外发展成人教育的探索》（张靖磊，2017），《我国内地和港澳台药学执业人员的培养与合作初探》（易晖，2006），《坚持"两个面向"办学方针拓展海外港澳成人教育》（廖仕湖，2007），《粤港澳大湾区成人教育对接途径探析》（陈武耕，2018）。从中可看出，越来越多的内地研究者开始关注研究澳门成人教育。

二、澳门成人教育研究的基本特征

（一）成人教育研究逐步推进，出现阶段式的"集中"现象

对于澳门成人教育的研究，可追溯至 20 世纪 80 年代，1985 年学者冯荣坤在《江苏高教》上刊发了一篇题为《国外及港澳的成人教育》，文中主要介绍了国外及港澳成人教育的地位、课程设置、组织管理、国外开放大学的特点和效益等内容，文中第一次提到了澳门的成人教育的表述：澳门成人教育自 80 年代以来，主要开设五类课程。此文中还介绍到：澳门成

人教育协会 1984 年成立，由社会官绅名流、社团首脑、文化教育界前辈、宗教界领袖和社会贤达参加并出任顾问[1]。1997 年《中国成人教育》第 3 期在"港澳台采风"栏目中刊发《澳门的专业化》（吴去良文）和《澳门成人教育须有新发展》（阿明文），这是目前查到的最早研究"澳门成人教育"的刊发文章。有关澳门成人教育的研究在两个阶段出现了"集中"现象，一是 1999 年前后，以澳门回归为契机，有不少澳门学者研究澳门成人教育，形成第一股研究澳门成人教育的小高潮。1998 年—2001 年期间，发表有关澳门成人教育的文章共有 9 篇，研究主要涉及澳门成人教育的概况、特点与发展等。二是 2009 年前后，以庆祝澳门回归 10 周年为契机，有更多内地学者参与研究澳门成人教育。2008 年—2011 年期间，发表有关澳门成人教育的文章共有 8 篇，此阶段还出现了在皮书、著作中专章介绍澳门成人教育。此外，其他阶段的研究一直处于不温不火的状态。2017 年以来，随着"一带一路"建设和粤港澳大湾区建设的契机，澳门回归 20 周年纪念日的临近，对于澳门成人教育的研究亦不断推进。

（二）研究内容更加充实完善，多元化的研究不断深入

综观回归 20 年来有关澳门成人教育的研究成果，尽管有不少研究的视角有相似之处，如都是从概况、特点、发展、趋势等方面入手，但在内容上却在不断充实与完善。例如：夏德清、武素月阐述澳门成人教育的"特色"为多元化的办学团体、多元化的学制及富有弹性的学习方式等三个方面[2]。此后，曾荣青在继承前人研究"特色"的基础上，增加了成人教育学制多元化、课程设置内容多元化、成人教育师资力量比较雄厚等特点[3]。林达蓉重点阐述了澳门成人教育的"特征"，即坚持服务澳门的成人教育理念，民众广泛参与的、多元的、多层次的成人教育办学体系，政府干预与市场主导互动下的成人教育发展体制[4]。从中，我们可看出不同

研究之间的继承与发展，每一篇论文的发表都是对之前论文阐述内容的补充与完善，逐渐形成了澳门成人教育多元化的研究。

（三）立足澳门教育发展，成人教育研究视角逐渐拓宽

早期对澳门成人教育的研究，主要集中在其发展历程、课程设置、发展特色等方面，如冯荣坤认为澳门成人教育的课程设置分为补充课程、职业技术课程、学术专业与专业进修课程、文娱与兴趣课程、民众教育与宣传等。而随着澳门回归以后，澳门教育事业的高速发展，研究者对澳门成人教育研究的视角不断拓宽，向全方位、多领域的趋势发展。其中，马林率先研究澳门成人教育法制的特点，他认为澳门成人教育的法制突出终身学习的理念、成人教育由回归教育和延续教育两个部分组成、重视成人教育教师资格认定与专业培训[5]。孟丽荣、殷磊对澳门在职护理学生学习动机的角度进行实证调查研究，侧面研究澳门成人教育的单个具体领域的生源学习特点。暨南大学廖仕湖从坚持"两个面向"办学方针出发，分析了影响海外和港澳地区成人教育发展的基本问题，并提出了：适应市场需求争取办学主动权，改进教学方法与创新教材、改革传统考试方法和加强与海外协办机构合作的建议对策[6]。

（四）聚焦社会热点问题，与成人教育研究紧密结合

2000 年前后，港澳政府提出了"终身学习"的理念。基于此，不少研究者从成人教育的角度探讨"终身学习"。区锦明认为终身教育是"人们在一生中所受到各种培养的总和"。终身教育思想赋予成人教育新的内涵，必将促进成人教育的空前发展[7]。卢家顺在探讨终身教育的源起和发展上，分析传统学校教育的缺失，为澳门正进行的教育改革提出发展方向，提出对澳门终身教育未来发展趋势的关键问题[8]。随着近年来我国"一带

一路"建设的不断推进，成人教育事业在"一带一路"建设中也发挥着重要的作用。澳门城市大学伊剑与吉林体育学院吴晓华从"一带一路"的视域来研究港澳成人教育协同创新机制，提出了客观认识双方差异、加强学校与企业间的协同、创新教学模式、加强港澳地区与内地高校间的协同等模式构建[9]。暨南大学张靖磊、廖仕湖也从"一带一路"背景出发，提出了加强政策扶持力度、基于大数据分析优化人才培养模式、开发短期人才培训及在线教育、健全教学质量监控体系等探索[10]。陈武耕、张多来探索粤港澳大湾区视域下的成人教育合作。提出了国家、政府、高校、行业、社团等五个层面的对接途径[11]。

（五）成人教育研究方法的不断多元，学术规范性逐渐增强

回归前对于澳门成人教育的研究主要是对于成人教育发展历程、特色等情况的基本介绍，主要是经验做法的总结和凝练。回归后，随着越来越多的学者开始研究澳门成人教育，其研究方法也不断多元。如孟丽荣、殷磊采用实证调研的方式，对澳门在职护理学生的学习动机进行了数理统计分析[12]。徐玉斌、张瑞珩采用述评方法，对含成人教育在内的澳门教育进行归纳分析。陈静科、郭锐采用文献综述的方法，对两岸四地（时称）的成人教育进行研究。曾荣青采用比较法，对澳门与内地的成人教育进行了比较分析，以借鉴澳门成人教育的有效经验。从研究成果来看，研究的学术规范性逐渐增强。

三、澳门成人教育研究存在的不足及展望

（一）存在的不足

我国学者（含澳门地区学者）对澳门成人教育的研究虽取得了一定的

进展，但就研究领域、研究方法和研究成果等方面而言，还不成熟，需要进一步加强和完善，其中存在的不足有：

1. 缺乏专门研究澳门成人教育的著作

前述在澳门回归 10 周年之际，曾有著作专章介绍澳门成人教育的概况。澳门成人教育已有较早的历史，主要是凭借着当地社团、社会贤达的力量在积极推动，在回归后得以迅速崛起。而且受到香港成人教育的影响，澳门成人教育的发展政策、办学经验、管理模式及课程设置是值得我们借鉴与学习的[13]。但就总体研究而言，虽有不少研究论文，但目前还未有一部专门研究澳门成人教育著作。这对于澳门成人教育来说是一个遗憾，也不利于总结 20 年来的经验继续推广和发展。

2. 针对澳门成人教育的研究水平有待进一步提高

从回归 20 周年的文献分析来看，对于澳门成人教育的研究并未形成完整体系，均是由内地与港澳地区的学者自发的行为，并未有课题组进行专门而持续跟进研究。同时，参与研究的人员较为宽泛，既有专业学者、成人教育行政人员，又有行政官员、辅导员等，其中多数并未对澳门成人教育有过深入而详尽的研究，从而导致澳门成人教育的整体研究成果质量不高。在涉及澳门成人教育有关的研究成果中，刊发在《中国成人教育》《成人教育》《继续教育研究》等重要期刊的文章数量不足 50%，更多的文章只停留在对澳门成人教育基本情况的介绍及问题的表层探讨，并未从理论的高度深入研究，因此研究水平有待进一步提高。

3. 对澳门成人教育的研究方法较为单一

澳门成人教育涵盖了补偿教育、在职教育、闲暇教育、社会教育和高等教育等，贯穿于澳门社会生活的各个方面，发挥着重要的作用。基于多元化的教育格局，决定了必须要采用多样的、有效的研究方法。特别是调查研究法，用数据、数理分析能更准确地反映、解决问题。但在已有的研究成果中，仅有 1－2 篇文章使用了数理分析和案例分析，多数的研究者采用的仍是普通的文献分析法、经验总结法。从研究的角度看是缺乏实证层面的分析论证。研究方法的单一也自然降低对澳门成人教育研究的水平。

（二）澳门成人教育研究的几点展望

1. 紧扣新形势，研究领域与视角应不断拓宽

2019 年正值澳门回归祖国 20 周年，澳门背靠祖国，面向世界，在经济、社会、文化、教育等方面取得了举世瞩目的成就，经济社会的发展、教育的高速发展必定对澳门成人教育形成积极的影响。基于此，对于澳门成人教育的研究应进行一次全面的梳理总结，紧扣国家"一带一路"建设和粤港澳大湾区建设的新形势，紧密结合澳门建设"一个平台、一个中心"的机遇，拓宽成人教育的研究领域，从研究成人教育的发展、特征、走向等研究领域发展至研究成人教育的社会需求、生源分析、评价机制、教育成效等方面。同时应继续拓宽研究视角，由表到里，由浅层到深层，由现象到本质，由边缘与中心。还要借鉴其他学科视角来审视澳门成人教育的发展，拓展其研究的广度和深度。

2. 团队式研究增强，研究水平将整体逐步提升

前述对于澳门成人教育的研究多数是自发的、单一的、零散的，从而导致不系统的研究成果，缺乏专门著作与专题皮书。今后的研究中，研究者应该建立研究团队或课题组，在充分运用已有的研究成果基础之上，加强团队的协作，推进实证研究，收集和分析充实的数据，在参考其他相关著作的基础之上，整合撰写出一本体系较为完整、特点鲜明突出、能够充分呈现澳门成人教育发展水平的专著或皮书，从而推广澳门成人教育的经

验和研究成果。

3. 注重理论联系实际，重视理论对实践的指导

对于澳门成人教育的研究在理论上的不断深入，目的就在于更好地指导成人教育的实践。由于 2003 年爆发"非典"，当年澳门的人口出生率居历史最低，这就意味着下一阶段的澳门接受高等教育的人口会有一个断崖式下降，也必然对澳门社会就业产生较大影响，人口的供不应求最终也将给澳门成人教育带来一定的挑战[14]。因此，既要有对澳门成人教育的基础理论研究，更要有充分解决澳门成人教育实际问题的应用研究，二者缺一不可，要将理论自觉应用于教育实践中，在实践中检验。此外，还应通过分析前人的研究，从香港成人教育、台湾成人教育及内地成人教育的成果中，吸取精华，因地制宜，以此来提高澳门成人教育的整体研究质量。

4. 研究方法不断完善，研究方式更加多元

之前的研究主要是依靠搜集分析文献来进行，但随着成人教育自身发展、研究科学的发展、相关学科知识的渗透，高水平的研究成果必须要依赖多元、综合、全新的研究方法。当前，内地与澳门的教育交流日益深入，两地的成人教育合作协同也将不断深入，这些都迫切要求研究者改变较为单一的研究方法，学习掌握全新的研究方法、搜集全面的调研数据、建构科学的研究模型等，在实践中不断创新研究方式方法，以便从多层次、多角度、多途径、多渠道入手，在实践中充分运用调查研究法、比较研究法、实验研究法、教育政策分析法等。遵循成人教育本身的发展规律，更深入有效地探索澳门成人教育的发展定位、未来趋势、创新机制，从而全面地提升研究水平，更好地指导澳门成人教育实践。

结 语

澳门回归 20 周年也是澳门成人教育快速发展的 20 年，对于澳门成人

教育研究的综述是对澳门成人教育发展的梳理和总结。新形势下，澳门成人教育大有可为，须依托高水平的成人教育研究成果作为理论支撑，从而更好地指导实践，为澳门繁荣稳定培养更多的建设人才。

参考文献

[1] 冯荣坤. 国外及港澳的成人教育 [J]. 江苏高教，1985（4）：77-80.

[2] 夏德清，武素月. 澳门成人教育特色 [J]. 成人教育，1999（12），46.

[3] 曾荣青. 澳门成人教育的发展及对内地成教的启示 [J]. 中国成人教育，2009（12）：84-86.

[4] 林达蓉. 澳门成人教育发展特征及未来走向探析 [J]. 比较教育研究，2011（12）：74-77.

[5] 马林. 澳门成人教育法制的主要特点 [J]. 成人教育，2001（8）：61-62.

[6] 廖仕湖. 坚持"两个面向"办学方针拓展海外港澳成人教育 [J]. 高等函授学报（哲学社会科学版），2007（1）：78-79.

[7] 区锦明. 澳门成人教育的发展 [J]. 开放教育研究，2000（1）：20-22.

[8] 杨凤玲. 澳门终身教育体系发展初探 [J]. 教育评论，2001（5）：50-52.

[9] 伊剑，吴晓华. "一带一路"语境下面向港澳的成人教育协同创新研究 [J]. 中国成人教育，2018（2）：126-129.

[10] 张靖磊，廖仕湖. "一带一路"背景下面向港澳及海外发展成人

教育的探索 [J]. 继续教育研究, 2017 (8): 52 - 54.

[11] 陈武耕, 张多来. 粤港澳大湾区成人教育对接途径探析 [J]. 中国成人教育, 2018 (17): 116 - 119.

[12] 孟丽荣, 殷磊. 澳门在职护理学生学习动机的调查研究 [J]. 中国实用护理杂志, 2006 (4): 69 - 71.

[13] 陈莹. 近三十年香港成人教育研究综述 [J]. 当代继续教育, 2005 (4): 59 - 63.

[14] 江希和, 高展鸿. 澳门成人教育发展状况 [J]. 教育与职业, 2005 (28): 55 - 58.

华侨大学　制造工程研究院

论哲学践行在高校素质教育中的应用

黄俊维

摘　要： 随着我国高等教育的普及和经济文化水平的提升，高校素质教育的重要性日益凸显。然而，大学生应当怎样接受素质教育、存在哪些行之有效的教育方法等教育实践问题，学界仍处于探索阶段。以苏格拉底方法为核心的哲学践行，在初等教育领域已经渐露头角，目前逐渐流行的儿童哲学，就是哲学践行的一种应用。这也展示了哲学践行在高校素质教育中的潜力，例如可应用于批判性思维课程和课程思政当中。

关键词： 素质教育；苏格拉底方法；儿童哲学；批判性思维；课程思政

一、引言

素质教育，是指以提高受教育者基本素质为目的的教育理念，一般常常与"应试教育"相对应。在 20 世纪 80 年代，我国教育界便开启了对传统应试教育的反思，"提高民族的思想道德素质和科学文化素质"被认为是改革开放时代的一个重要教育目标。1994 年，《中共中央关于进一步加强和改进学校德育工作的若干意见》明确指出："增强适应时代发展、社会进步，以及建立社会主义市场经济体制的新要求和迫切需要的素质教育"，素质教育的概念第一次被中央文件正式使用。此后，我国多年来一直强调和着重推进素质教育建设，直至今日，它已经成为教育界乃至广大人民群众耳熟能详的教育理念。

由于素质教育强调以全体受教育者为对象，并且追求"有教无类"而非择优培养（与应试教育相对应），所以，传统上对素质教育的探讨和推进主要在初等教育领域中展开。目前高等教育在我国已经普及开来，而作为学生成才的最后环节，高校素质教育的重要性日益凸显。近年来，不少高校都增设以提高学生人文科学基本素养为目标的通识课程，也着重强调专业课应当以提高学生专业素养而非考试成绩为核心。然而，大学生应当怎样接受素质教育、存在哪些行之有效的教育方法等，学界仍处于探索阶段。另一方面，诞生于哲学领域的、与素质教育颇有渊源的"哲学践行"，已在初等教育领域中渐露头角，并且能够对高校素质教育提供理论指导和实践方法。

二、哲学践行

（一）起源与现状

哲学践行（philosophical practice）是 20 世纪 80 年代开启的一场哲学的新范式、新运动，它主要兴起于德国哲学家阿肯巴哈（Gerd Achenbach）等人把哲学应用于非医学的咨询活动中，并产生"哲学践行家""哲学咨询师"等新职业，因此也被称为"哲学咨询"。目前，美国哲学践行家协会对哲学践行的定义是："一类基于哲学的活动，这些活动包括私人行动、个体咨询、群体建导、组织顾问和教育规划。这些活动的目的是有益于公众。这些活动是非医疗的、非医原性的并且并非本质上与精神病学或心理学联合在一起的。这些活动的焦点是教育性的、价值论的并且纯粹理性的。"[1]

目前而言，无论是学术探究还是实际的职业活动，哲学践行还是主要停留在个人或团体的"哲学咨询"中，这与"心理咨询"形成很好的对照。但是，正如心理学的实践并不仅仅局限在心理咨询领域内，哲学践行从理论起源，即哲学实践化的角度，也应具有更广阔的应用范围。

（二）苏格拉底方法

作为一个方兴未艾的新范式与新运动，哲学践行内部对应当如何进行哲学的实践化本身，仍是百家争鸣，并没有形成一致的策略与方法。尽管创始人阿肯巴哈提倡"超越方法法"（beyond – method method），但其后不少哲学咨询家纷纷对哲学践行提出各自的新理论和新方法，例如马里诺夫（Lou Marinoff）提出的宁静法（PEACE）[2]以及拉比（Peter Raabe）的四阶段法（FITT）[3]等。

不过，以上这些各具差异的理论与方法，是针对不同的实践目的、对象和现状而发展出来的，它们并非相互对立的学说。事实上，各种哲学践行的流派在整体理念上都可以追溯至一个更古老的哲学实践活动，即所谓的"苏格拉底方法"。苏格拉底方法由德国哲学家尼尔森（Leonard Nelson）于20世纪20年代提出，主要目的是批评传统学院哲学中过于理论化和脱离日常实践的现状，并主张以苏格拉底式的对话作为哲学活动的重要部分[4]。苏格拉底式的对话见于柏拉图的著作，是指"通过启发、比喻等手段，用对话方式帮助对方说出蕴藏在自己意识中的思想或见解，进而考察其思想的真伪，在不向对方宣布问题的正确答案的情况下，让对话者否定自己错误的既有成见，从而自己发现真理。"[5]

苏格拉底方法是以对话方式来进行的一个哲学活动，目的并不是进行某些理论知识的传授，而是在对话中促进对话者对自身世界观、人生观、价值观或某些重要信念进行哲学式的反思，使对话者深入认识或重新审视自身观念中的潜在前提和预设。这一方法是哲学咨询领域共享的、也是最重要的实践指导原则，同时它也逐渐在教育领域显示出巨大的魅力。

下面以儿童哲学教育为范例展示苏格拉底方法的基本应用和能产生的效果。

三、范例：儿童哲学教育

儿童哲学是目前把哲学践行应用到教育领域的一个成功范例。这个特殊的教育门类在欧美已经相当普及，目前在国内也备受关注。儿童哲学并不是对儿童进行哲学理论的讲授，而是以还没形成稳定的世界观、人生观、价值观的未成年人为教育对象，以苏格拉底方法为核心，通过教师精心组织引导话题、促进师生对话和讨论，目的是培养和提高学生的逻辑思维能力和反思精神，并使其具备一定的哲学素养。

儿童哲学课的施行方式简述如下[6]：

（1）老师让学生以圆桌的方式入座，然后对课堂活动的一些规则以及将会用到的一些术语做出说明。接着，老师会带领学生阅读准备好的故事或讨论材料。针对故事和材料中的内容，老师引领学生共同找出其中值得商讨的概念或情节。随后，学生以两人一组的方式分享自己感兴趣的论题，老师则记录其中重要的、有讨论价值的关键词和想法。

（2）学生以二人组为单位介绍自己感兴趣的论题和疑问。在所有学生的论题和疑问都提出来之后，学生以商讨或投票的方式在所有论题中选出一个作为本次课堂的讨论话题。

（3）学生集中对这个挑选出来的话题进行公开讨论。每个学生以其他人的阐述或观点为基础，以提供理由和论证的方式进一步澄清或质疑他人观点，并提出自己的见解。老师则从旁提醒学生注意其推论背后的理据是否充分、是否存在其他的可能性或后果，以及引导学生提供恰当的例子或反例。

（4）课程以每个学生给出总结陈词结束。学生会被要求以口头或书面作业的形式简明地总结自己在课堂上形成的观点。

不难看出，儿童哲学课的进行方式，就是把苏格拉底方法应用在中小学课堂上，其中的授课内容并不是一些具体的学科知识，而是以一些带有哲学主题（但不是哲学理论）的故事或文本来让学生进行以逻辑论辩、批判反思为基础的团体对话活动。儿童哲学课的目标也明显不是为了让学生"习得"某种理论知识，而是希望提高学生"通用的"学习能力、社交能力和反思能力。

有不少研究表明，儿童哲学课程能够提高学生的学业水平，例如数学和读写课的成绩[7]。此外，对学生的非认知能力，如社交技巧、自信心、责任感、批判性思维等也能得到提高[8]。

儿童哲学课可以说是"哲学践行"的一个成功应用。当然，以上对儿童哲学教学的详细介绍，目的在于展示一个成熟的、典型的哲学践行的具体形式，不表明高校素质教育可以直接模仿。毕竟，儿童哲学教育针对的是儿童和青少年，而高校教育面对的对象则是心智、价值观相对成熟的大学生。但是，其中关于哲学践行的理念、形式和方法，可以在稍加变化后应用于高校的素质教育上。

四、应用：高校素质教育中的哲学践行

（一）批判性思维教学

"批判性思维"（critical thinking）是一个相当热门的教育词汇，它也常常与素质教育联系在一起。一般认为，批判性思维是大学生应当具备的素质之一，批判性思维教育也是提高国民素质的重要一环。因此，不少高校都开设了相关主题的公共课乃至必修课。

批判性思维被认为是发轫于杜威在科学哲学中提出的"反省性思维"，可总结为"大胆质疑，谨慎断言"[9]。恩尼斯（Robert Ennis）对批判性思维的定义是：合理的、反思性的思维，其目的在于决定我们的信念和行动。[10]但是，究竟什么是批判性思维，教育界和学术界均没有很明确公认标准，它本身是一个存在多维度定义的、在争论中不断变化发展的概念。不过，也存在一些基本的共识，例如批判性思维包含着能力和倾向两个维度，前者是指做出好的推理的能力和技巧，后者是指有运用这种能力和技巧的良好习惯[11]。

更重要问题在于，批判性思维的教学应当如何进行。不少批判性思维课程往往脱胎于逻辑学课程，重点是向学生讲授简单的逻辑学概念和逻辑定律，再附加一些非形式逻辑或论证逻辑的内容。这是因为，一些开设批判性思维课程的教师往往就是进行逻辑学教学与研究的学者，因此倾向于从传统逻辑学的授课内容出发来进行拓展。此外，非形式逻辑和论证逻辑的确是批判性思维的重要工具，使得不少老师认为培养批判性思维的重点就是进行逻辑学的讲授。但是，这样的课程内容和形式体现了国内教育界对批判性思维的常见误区：

其一，批判性思维不等于非形式逻辑或论证逻辑。首先，批判性思维

远远超越了单一的论证；其次，批判性思维包含谨慎反思和创造，如提出并评估替代观点，从中选择最好的一个；再次，批判性思维包括了对证据本身的评估。以上三个部分并不属于逻辑学或论证逻辑的内容，例如逻辑推理要求作为前提的证据本身是真的，但不关心如何判定和鉴别证据的真伪，而这却是批判性思维的重要工作[12]。

其二，批判性思维是一种能力和倾向，因而在教学上应该强调实践训练而非理论学习。事实上，培养具有良好批判性思维的学生甚至未必需要进行系统的逻辑学理论的讲授，因为在专业课理论和基本的人文与科学常识当中，已经包含足够多的逻辑规训。学生需要训练和提高的，是如何合理地运用他们已拥有的常识、专业知识和已具备的理性能力。所以，批判性思维课程应该是一种"思维锻炼实践课"，教师的重心不在于讲授知识，而是技能培训、指引、监控和反馈。

更确切地说，"批判性思维"是一门以哲学而非逻辑学为基础的课程。这里的哲学既包括部分逻辑哲学、认识论等与理性推理和论辩相关的理论，但更重要的是"哲学践行"。因此，可以借鉴儿童哲学教育，尝试以苏格拉底方法论作为高校批判性思维课程的内核：挑选具有讨论意义的主题、圆桌式的对话论辩、教师作为主持从旁指引学生的论证并作总结。

当然，在选材、组织方式和教学目标上，教师需要针对大学生进行较大的调整。例如，儿童哲学课使用的故事和素材都是以儿童能够充分理解为前提的，往往只能虚构一些简单故事或对真实案例进行简化改编，而大学生在心智、价值观上相对成熟，也逐渐需要适应和应对真实复杂的社会。因此，批判性思维课程可以采用包含复杂因素的真实案例，而具体的议题也可结合现代科技和社会热点来提取，例如基因编辑技术是否触犯伦理禁忌、虚拟现实技术是否模糊了真实与虚幻、人工智能对人类未来的影响等等。教师在课堂上的作用则是负责提供足够生动丰富的素材、引导学生提出有讨论价值的问题、鼓励学生大胆发言、提点学生在论述中的不合理成分，并对推断缜密的陈述和言之成理的观点表示赞许。

如此开展的批判性思维课程，重点不在知识的传授，而是让学生就一些具体真实的复杂议题进行深入的反思和相互论辩，并在教师的引导和反馈下，提高批判思维水平和对既有知识的运用。这正是哲学践行促进素质教育的一个最基本的形式。

（二）课程思政

"专业课老师负责专业知识传授、思政课老师抓好思政教育"是我国高等教育的一个普遍现象。长期以来，无论是高校的课程设计，还是授课教师的教学目标，均存在专业教学和思政教育的区分。但是，思政教育不应该与专业教学截然区分开来，习近平总书记在 2016 年的全国高校思想政治工作会议上强调："要用好课堂教学这个主渠道，思想政治理论课要坚持在改进中加强，提升思想政治教育亲和力和针对性，满足学生成长发展需求和期待，其他各门课都要守好一段渠、种好责任田，使各类课程与思想政治理论课同向同行，形成协同效应。"[13] 这就是"课程思政"改革的开端，也是其基本精神的表达。

所谓课程思政，概而言之，就是指教师应该把"立德树人"贯彻在专业课程教学当中，它实际上是素质教育在德育方面的强调与深化。因此，如何理解和实现课程思政，成为推进素质教育的重要议题。

一个关于课程思政的常见误解是把其等同于在专业课上进行爱国主义教育。这个误解使得一些专业课教师，尤其是在理工类课程教学中感觉无所适从。毕竟，理工类课程在常规教学上往往以给出定义、进行定理推导、应用题练习等过程进行，难以在其中插入主题明显不同的人文、政治、思政等内容。另一个类似的误解就是在专业课上进行积极的、正面的价值观说教，但往往效果欠佳，也容易引起学生反感。

以上这些常见误解无疑是对"思想政治"的理解过于狭隘，但其根本问题还不在于内容本身，而在于教学方式。如果仅仅是把假大空的说教式内容放在专业课上，一方面显得毫无必要，另一方面也会让学生产生抗拒情绪，难以达到"立德树人"的目标。所以，在专业课中实现课程思政，关键的不仅是对教育内容的把握，更重要的是教育模式和教学理念的更新。

事实上，课程思政应当以有机融入、潜移默化、润物无声的方式来进行，哲学践行无疑可以在其中起到一定的方法论指导。哲学践行的基本理念并不是进行知识的灌输，而是用特殊的对话方式，"勾起"对话者（学生）对某些问题的关注和深入的反思。在专业课的教学中，教师可以用恰当的专业课内容与案例，或在精心准备的相关话题中，构建让学生提出疑问、师生讨论互动的方式，实现学生自身对人生、价值、社会、国家的思考与分析，最终在教师的引导下，形成符合社会主义核心价值观的理念。

以社会心理学专业课的讲授为例。在讲授"刻板印象"的课堂中，教师可结合社会上常见的性别刻板现象进行圆桌讨论：

（1）以视频、图片或网络文章节选为素材，展示出当今社会存在的各种性别刻板印象，例如蓝色、理性、权威等概念代表男性；粉色、感性、服从等概念代表女性。接着，引导学生思考是怎样的认知机制导致这种刻板印象的产生，例如可获得性启发式、鲜活性效应、群体迷思等。

（2）教师鼓励学生结合刚讲授的知识，辅以讨论和适当的资料搜索，然后给出自己的分析判断。若学生在推断中有明显的学理错误或违反了论辩逻辑，教师则从旁提点其错误疏漏之处；反之，无论学生用哪种认知机制来解释性别刻板印象，只要有理有据，教师就可对其推断过程和结果表示赞同。

（3）让学生进一步讨论这样的刻板印象会造成怎样的认知后果，例如是否会加剧某些认知偏差，从而进一步强化刻板印象和产生性别偏见与歧视。类似地，教师并不主动分析，而是从旁提点学生发言中的学理错误和论辩逻辑，并赞同有理有据的推断过程和合理的观点。

（4）让学生总结性别刻板印象在给定素材中产生的负面作用，然后尝试提出消解这些负面作用、维护正确价值观的合理建议。

以上就是以苏格拉底方法进行课程思政的简例，其中的事实分析和价值判断很大程度上是由学生在深度参与讨论中形成的，因此不但不会抗拒，而且会具有较高的认同感。此外，这个过程同样有利于把相关的专业内容从机械记忆转变为鲜活的情境记忆，能加深学生对专业内容的兴趣和理解，实现专业教育和课程思政的有机结合、相互促进。

五、总结

以苏格拉底方法为核心的哲学践行，与素质教育的理念十分契合，并能应用在批判性思维课程和专业课的课程思政当中。值得注意的是，哲学践行只是促进素质教育的具有指导意义的方法之一，它并非与传统的知识讲授截然对立，而是各自承担不同的职能。此外，哲学践行也可以与其他的新型教育方法和技术手段相结合，例如目前颇为流行的混合式教学、翻转课堂等，来取得更卓越的教学效果。

当然，哲学践行的应用也存在不少困难，其中较为突出的一点是，它本身包含一套独特的教学理论、价值和操作方式，这需要教师进行专门的学习、培训和实践，因此对教师而言需要付出高昂的时间成本和精力才能习得。此外，与传统课程教授形式相比，哲学践行需要教师具有更优秀的课堂控制能力和管理技巧，因而对教师的教育天赋和心理特质有较高的要求。所以，哲学践行在高校素质教育中的应用不太适合对全体或大多数教师进行推广，但可以着重培养有天赋的、个性契合的且愿意付出时间精力学习的高校教师把这种独特的教育方式应用于高校的素质教育实践中。

参考文献

［1］丁晓军，喻丰."揭示预设"作为哲学践行的核心策略［J］. 西安交通大学学报（社会科学版），2018, 38（3）：117 – 122.

［2］Marinoff L. Plato, *Not Prozac*！：*Applying Eternal Wisdom to Everyday Problems*［M］. New York：HarperCollins, 1999：37 – 51.

［3］Raabe P. B. *Philosophical Counseling*：*Theory and Practice*［D］. Vancouver：The University of British Columbia, 2001：88 – 94.

［4］Nelson L. *The Socratic Method*［A］, in T. K. Brown（trans.）*Socratic Method And Critical Philosophy*：*Selected Essays*. Cambridge, MA：Harvard University Press, 1949：1 – 43.

［5］陈红. 哲学咨询的兴起与发展［J］. 安徽大学学报（哲学社会科学版），2012, 36（4）：26 – 31.

［6］［8］Siddiqui N., Gorard S., and See B. H. *Non – Cognitive Impacts of Philosophy for Children*［R］. Durham University：School of Education, 2017.

［7］Gorard S., Siddiqui N., and See B. H. Can 'Philosophy for Children'Improve Primary School Attainment? ［J］. *Journal of Philosophy of Education*, 2017, 51（1）：5 – 22.

［9］Dewey, J. Plato, *How We Think*［M］. Boston, New York and Chicago：D. C. Heath, 1910：6 – 13.

［10］Ennis R. H. A. Taxonomy of Critical Thinking Dispositions and Abilities［A］, in J. B. Baron and R. J. Sternberg（eds.）*Teaching Thinking Skills*：

Theory and Practice. New York：W. H. Freeman, 1987：9 – 26.

[11]Bailin S. and Siegle H. Critical Thinking[A], in Nigel Blake, Paul Smeyers, Richard D. Smith and Paul Standish(eds.)*The Blackwell Guide to the Philosophy of Education*. Malden,MA：Blackwell Publishing, 2003：181 – 193.

[12] 董毓. 批判性思维三大误解辨析 [J]. 高等教育研究, 2012, 33 (11)：68 – 74.

[13] 习近平. 把思想政治工作贯穿教育教学全过程 [EB/OL]. 新华网. 2016. 12. 8. http：//www. xinhuanet. com//politics/2016 – 12/08/c_ 112 0082577. html.

华侨大学　哲学与社会发展学院

习近平劳动观融入大学生思政课教学研究[①]

刘金花[②]

摘　要：党的十八大以来，习近平总书记发表重要讲话，勾勒出包括崇尚劳动、尊重劳动者，劳动应是辛勤、诚实和创造性的，劳动者应有家国情怀等内容的劳动观，对马克思主义劳动观进行继承和发展。思政课是帮助大学生把握马克思主义中国化理论成果和培养劳动价值观的重要载体，其教学应融入习近平劳动观，为此思政课教师应创生课程资源，有针对性地开展实践教学。

关键词：习近平劳动观；大学；思政课

党的十八大以来，习近平总书记在许多场合谈及"劳动""劳动者"，

① 基金项目：2017 年教育部人文社会科学研究青年基金项目"国家认同视域下的俄罗斯大学公民教育研究"（项目编号：17YJC710049）。

② 刘金花（1987— ），女，山东聊城人，华侨大学马克思主义学院讲师，教育学博士，从事思想政治教育、比较教育研究。

强调劳动与中国梦的关系以及新时代劳动者应树立的劳动观念，丰富了马克思的劳动思想。《毛泽东思想和中国特色社会主义理论体系概论》是对大学生进行系统马克思主义理论教育的重要载体，其教学需要融入马克思主义中国化的最新理论成果，包括习近平劳动观。

一、习近平劳动观的内涵

（一）崇尚劳动，尊重劳动者

党的十八大以来，习近平总书记多次在"五一"前夕接见、表彰劳动模范及先进工作者、召开劳动模范座谈会，并发表系列讲话，回答了应如何对待劳动及劳动者的问题。习近平总书记强调"劳动是财富的源泉，也是幸福的源泉"，实现伟大的梦想、解决我国未来发展中的各种难题，应该做到"崇尚劳动，造福劳动者""牢固树立劳动最光荣、劳动最崇高、劳动最伟大、劳动最美丽的观念"[1]。

习近平总书记有关"崇尚劳动、尊重劳动者"的重要论述是对不良劳动态度的矫正及正确引导。改革开放以来，随着我国经济的发展，拜金主义、享乐主义等不良思想在一部分人中，包括在大学生中滋生蔓延。部分人将金钱及权力作为衡量人的唯一价值尺度，对体力劳动及普通劳动者秉持轻视、鄙视的态度。习近平总书记指出"劳动没有高低贵贱之分，任何一份职业都很光荣""反对一切不劳而获、投机取巧、贪图享乐的思想"[2]。

习近平总书记不仅从思想上阐述了劳动的重要性及劳动者不分贵贱的特性，而且从国家政策上对如何关心和爱护劳动者这一问题作出重要指示。这些政策涉及"实施积极的就业政策，创造更多就业岗位，改善就业环境，提高就业质量，不断增加劳动者特别是一线劳动者劳动报酬"[3]，也包括"切实维护广大劳动群众合法权益，帮助广大劳动群众排忧解难，积极构建和谐劳动关系"[4]。这些论述体现了党和国家对当代劳动者工作处境的正确认识，以及劳动者有所求、党和政府有所为的担当精神。

（二）劳动应该是辛勤的、诚实的和创造性的

"崇尚劳动"是习近平总书记劳动观的重要内容。那么，我们应以什么样的态度和方式劳动？答案是辛勤、诚实和创造性劳动。

"民生在勤，勤则不匮"。我们造就了中华民族的辉煌成就，其根源在于我们拥有世代相传的优良传统——辛勤劳动。"不忘本来才能开辟未来，善于继承才能更好创新"。未来，中国梦的实现同样离不开全体人民的辛勤劳动。只要全体中国人民在平凡的工作岗位上辛勤劳动、尽职尽责，就可以汇聚成实现中华民族伟大复兴的强大正能量。

习近平总书记指出"人世间的美好梦想，只有通过诚实劳动才能实现"。诚实是劳动者的基本品格。不管是中华儿女创造幸福人生，还是国力发展，诚实劳动都是其必选路径。诚实劳动强调劳动者遵纪守法，靠实干和诚信来实现人生梦想。"诚实劳动所折射出的思想观念和行为准则正是社会主义核心价值观的具体体现，必将有力促进社会主义核心价值观的培育和践行，必将催生出实现中华民族伟大复兴更加强大的凝聚力、向心力，以及为此而奋斗不息的强大的统一意志和行动"[5]。

中华文明是"劳动光荣，创造伟大"的最有利诠释。党的十九大报告提出要加快建设创新型国家。这一目标的实现离不开中华儿女的创造性劳动，需要青年人这一"最具有创造性的群体"，需要"充分调动工人阶级和广大劳动群众的积极性、主动性、创造性"。

（三）劳动者应具有家国情怀

家国情怀是中华民族爱国主义传统倡导的价值理念。从"舍己为家"

"保家卫国"到"修身齐家治国平天下"的成德次序，都是家国情怀的展现，体现的是中国人在处理自我价值与社会价值、"小家"与"大国"关系时所秉持的人生哲学。国是千万家，有国才有家；自我价值与社会价值不是对立的，而是同声相应的。

实现中华民族伟大复兴的中国梦是新时代坚持和发展中国特色社会主义的奋斗目标。这一目标的实现依靠的是各行各业人们的辛勤、诚实及创造性劳动。劳动在促进国力提升的同时，为劳动者提供了生存与发展的物质保障及精神上的历练与享受，提供了发挥主观能动性的前提。

国家富强、民族振兴离不开每位劳动者兢兢业业的奉献，每位劳动者人生理想的实现也离不开国家发展为其提供的舞台和各类可靠保障。所以，中国梦的实现需要劳动者有家国情怀，立足本职、胸怀全局，自觉把个人梦与中国梦融合在一起，将自我价值的实现与国家富强、民族振兴的命运联结在一起。习近平总书记在论述中国梦与个人梦的内在关系时强调"只要每个人都把人生理想融入国家和民族的伟大梦想之中，把小我融入大我，敢于有梦、勇于追梦、勤于圆梦，就会汇聚起实现中国梦的强大力量"[6]。通过劳动，每位中华儿女将个人成长成才与国家的前途命运联结在一起，将个人梦想与中国梦联结在一起。

二、融入习近平劳动观是大学思政课教学的与时俱进

（一）融入习近平劳动观是大学思政课的应有之义

教材是思政课教学之本。党的十八大以来，按照中央马克思主义理论研究和建设工程的统一部署，先后于 2013 年、2015 年和 2018 年对大学思想政治理论课教材进行较大的修订，教材修订的重要特征之一即集中体现了习近平新时代中国特色社会主义思想的相关内容。以《毛泽东思想和中

国特色社会主义理论体系概论》为例，帮助大学生更加准确地把握马克思主义中国化进程中形成的理论成果是其课程目标之一。其教材设计"以马克思主义中国化最新成果为重点，全面把握中国特色社会主义进入新时代，系统阐释习近平新时代中国特色社会主义思想的主要内容和历史地位，充分反映建设社会主义现代化强国的战略部署。"[7]由此可见，《毛泽东思想和中国特色社会主义理论体系概论》的教学目标就是用发展中的马克思主义中国化的成果武装大学生的头脑，对大学生进行系统的马克思主义理论教育，帮助大学生坚定社会主义理想信念，增强对中国特色社会主义的自觉自信。

习近平劳动观是紧密结合新的时代条件和要求对劳动本质、劳动价值、劳动关系等问题的新解读，彰显了习近平新时代中国特色社会主义思想尊重劳动和劳动者的人民立场，是对马克思主义劳动观及劳动价值观的丰富与发展，是马克思主义普遍原理与中国具体实践相结合的最新理论成果，理应融入大学思政课教学。习近平劳动观融入思政课教学有助于帮助大学生跟上马克思主义中国化理论发展的进程，更好地落实思政理论课立德树人这一根本任务。

（二）融入习近平劳动观是贯彻国家教育方针、培养劳动价值观的需要

2018 年 5 月 2 日，习近平总书记在北京大学师生座谈会上指出："我国社会主义教育就是要培养社会主义建设者和接班人""高校只有抓住培养社会主义建设者和接班人这个根本才能办好，才能办出中国特色世界一流大学"[8]。

新时代社会主义建设者和接班人，其本质上都是具备一定劳动知识和技能、劳动精神、劳模精神的劳动者。其培养需要包括劳动教育在内的完

整人才培养体系。但是，近些年，劳动教育在我国人才培养体系中一直处于弱势，且一些青少年不珍惜劳动成果、看不起普通劳动者、不想也不会劳动。为提升全社会对劳动独特育人价值的重视，为培养社会主义建设者和接班人发力，习近平总书记在 2018 年 9 月的全国教育大会上明确将劳动教育纳入社会主义建设者和接班人的总体要求。为落实全国教育大会精神，2020 年 3 月 20 日，中共中央国务院发布了《中共中央国务院关于全面加强新时代大中小学劳动教育的意见》，2020 年 7 月 15 日，教育部印发了《意见》的配套文件——《大中小学劳动教育指导纲要（试行）》。根据文件精神，大学是实施劳动教育的主体。

《中共中央国务院关于全面加强新时代大中小学劳动教育的意见》规定"普通高等学校要明确劳动教育主要依托课程"。"除劳动教育必修课程外，其他课程结合学科、专业特点，有机融入劳动教育内容"[9]。大学劳动教育的实施除了在各学院专业课程中融入诸如实习实训、专业服务等教育外，还应利用思政课平台做好劳动价值观教育。因为，大学生既需要具备一定的专业技能和素养，还应在深刻理解马克思主义劳动观和社会主义劳动的关系，在正确的择业观指导下，在未来的工作岗位上正确运用所学专业技能和素养。劳动价值观教育是大学劳动教育的核心，思政课是实施劳动价值观教育的重要载体。

《毛泽东思想和中国特色社会主义理论体系概论》包含了"我们的教育方针应使受教育者……成为有社会主义觉悟的有文化的劳动者"、诚实劳动创造美好生活等思想内容，其教学有助于大学生理解习近平劳动观的思想渊源。此外，该课程包含"国家梦"与"个人梦"的关系、对"实干兴邦"的阐释，其教学有助于帮助学生深刻理解个人劳动与国家前途命运的同声呼应关系。例如，党的十八大报告中提出了"四个尊重"：尊重劳动、尊重知识、尊重人才和尊重创造，为何"尊重劳动"居首位？习近平劳动观有助于大学生深刻理解这一问题。只有这样，大学生才会"由衷认可'实干兴邦''创造伟大'的道理，充分认识新时代劳动的复杂性与多样性、切实改变轻视体力劳动和体力劳动者的错误心态，'劳动最光荣、劳动最崇高、劳动最伟大、劳动最美丽'的价值观才能在当代大学生心目中扎根、生长"[10]。

三、习近平劳动观融入大学思政课教学的路径

（一）思政课教师注重创生课程资源

虽然在中央马克思主义理论研究和建设工程的统一部署下，适时对《毛泽东思想和中国特色社会主义理论体系概论》教材进行了多次修订以保证教学内容的与时俱进，但 2018 版新教材并没有对习近平劳动观进行系统和直接的阐述，而是将习近平劳动观的部分内容分散在几个章节。比如教材第九章"坚持和发展中国特色社会主义的总任务"明确提到了"国家梦"与"个人梦"的统一。第十章第一节"建设现代化经济体系"明确提到了"弘扬劳模精神和工匠精神""建设知识型、技能型、创新型、劳动者大军"。在此情况下，如何使用好教材，做好习近平劳动观的理论教学工作？

2020 年 1 月，教育部审议通过了《新时代高等学校思想政治理论课教师队伍建设规定》，要求"认真做好教材转化工作，编写好教案，切实推动教材体系向教学体系转化"[11]。课程不等于教材，教材只是思政课教学实施的一种载体。思政课教师应注意开发教材之外的其他课程资源，在准确把握习近平劳动观的基础上，整合和重组《毛泽东思想和中国特色社会主义理论体系概论》中有关习近平劳动观的教学内容，对教材进行创造性使用。此外，由于该教材是全国普遍适用的，思政课教师在进行教学时，

可以适时根据学生学习经验及地方特色对教学内容进行加工，增加一些地方化的案例，做到因地制宜、因时制宜及因材施教。

（二）思政课教师有针对性地开设习近平劳动观相关实践教学

2018 年 4 月，教育部印发《新时代高校思想政治理论课教学工作基本要求》，要求"从本科思想政治理论课现有学分中划出 2 个学分、从专科思想政治理论课现有学分中划出 1 个学分，开展本专科思想政治理论课实践教学"[12]，体现了对思政课实践教学的重视。这不仅是思政课所具备的实践性特质要求，也是提升思政课理论性学习效果的要求。

如何在实践课教学中融入习近平劳动观，推进大学生劳动价值观教育？《毛泽东思想和中国特色社会主义理论体系概论》在第十章第一节提到"厚植企业家精神""要弘扬劳模精神和工匠精神，营造劳动光荣的社会风尚和精益求精的敬业风气"。为加深学生对这部分理论知识的理解和掌握，思政课教师可以通过这几种方式开展实践课教学。1. 统一组织学生观看《感动中国》《大国工匠》等纪录片，帮助学生深化了解平凡劳动者爱岗敬业、匠心筑梦的故事，从故事中体悟"小人物"的个人梦想与国家"中国梦"的依存关系，深化对"劳动没有高低贵贱之分"的理解。2. 在不同时代，我国都涌现出一批批的劳动模范，例如历史人物"铁人"王进喜及当代的李万君。思政课教师可以根据教学条件组织学生参观与劳模、工匠有关的纪念馆或展览馆，或组织学生到学校所在地的企业、工厂车间等生产劳动第一线参观学习，并撰写观后感。通过实践教学，帮助学生理解新中国成立以来劳动者创造的一个又一个壮举，感悟习近平总书记"正是因为劳动创造，我们拥有了历史的辉煌；也正是因为劳动创造，我们拥有了今天的成就"的劳动观；学习劳模事迹，感悟劳模精神，感受自己肩负的历史使命。3. 设置几个实践课内容（诸如上文的参观纪念馆、一线工厂的参观学习、观看纪录片、马克思主义经典著作阅读和讨论等）让学生以小组为单位自发选题，并对一定时期内参观、研读或调研的成果进行课堂汇报或成果展示。这样通过学习、汇报，一个班级的学生可以了解更多的劳模或工匠故事，获取多样化的学习资源。

又例如，教材第十章第四节"提高保障和改善民生水平"部分涉及习近平总书记"和谐劳动关系"的阐述："完善政府、工会、企业共同参与的协商协调机制，构建和谐劳动关系"。为了加强学生对这一知识点的理解和掌握，教师可以鼓励学生采用文献法研究新中国成立以来，我国在构建和谐劳动关系的机构、制度建设等方面取得的成就；鼓励大学生以小组为单位，采用文献法、问卷调查及访谈法对学校所在地的劳资纠纷案例进行案例研究。通过研究，帮助学生深化理解和谐劳动关系的重要性，政府、工会、企业在构建和谐劳资关系中各自发挥的作用及多方协作机制，以及劳资纠纷解决中的制度建设及人员队伍建设等问题。

参考文献

[1] 习近平. 在同全国劳动模范代表座谈时的讲话 [N]. 人民日报，2013 – 4 – 29.

[2][4] 习近平. 在知识分子、劳动模范、青年代表座谈会上的讲话 [N]. 人民日报，2016 – 4 – 30.

[3] 习近平. 庆祝"五一"国际劳动节暨表彰全国劳动模范和先进工作者大会隆重举行 [N]. 人民日报，2015 – 4 – 29.

[5] 钟文岩. 用脚踏实地的劳动实现"中国梦" [N]. 人民日报，2012 – 12 – 29.

[6] 中共中央宣传部. 习近平新时代中国特色社会主义思想学习纲要

［M］. 北京：学习出版社，人民出版社，2019：54.

［7］《毛泽东思想和中国特色社会主义理论体系概论》编写组. 毛泽东思想和中国特色社会主义理论体系概论［M］. 北京：高等教育出版社，2018：4.

［8］习近平：在北京大学师生座谈会上的讲话［EB /OL］. http：//www. xinhuanet. com/2018 － 05/03/c_ 1122774230. html.

［9］中共中央国务院关于全面加强新时代大中小学劳动教育的意见［EB/OL］. http：//www. gov. cn/zhengce/2020 － 03/26/content_ 5495977. htm

［10］刘向兵. 新时代高校劳动教育的新内涵与新要求——基于习近平关于劳动的重要论述的探析［J］. 中国高教研究，2018（11）：17 － 21.

［11］新时代高等学校思想政治理论课教师队伍建设规定［EB/OL］. http：//www. moe. gov. cn/srcsite/A02/s5911/moe_ 621/202002/t20200207_ 418877. html

［12］教育部印发《新时代高校思想政治理论课教学工作基本要求》［EB/OL］. https：//www. sohu. com/a/229713434_ 200190.

华侨大学　马克思主义学院

"项目＋双导师＋团队"的
MPAcc 培养模式创新与实践①

吴立源　　陈金龙②

摘　要：MPAcc 培养"应用型"人才，双导师制和实践基地建设是实现这一目标的重要手段。但从现实来看，双导师制和实践基地往往流于形式，未能起到应有的作用。在"行动学习法"和"利益趋同"基础上提出"项目＋双导师＋团队"的 MPAcc 创新培养模式，以项目为主线实现实践导师、实践基地与培养单位的利益趋同，从而达成 MPAcc "实务导向"和"应用型"人才的培养要求。这一创新模式在我校 MPAcc 中进行了试点，取得了显著效果，既提高了实践导师和实践基地的积极性，更提高了 MPAcc 学生的培养质量，在案例建设和毕业论文写作中均有明显的体现。预期能够为其他培养单位的同类问题提供一定的解决思路。

关键词：MPAcc；双导师制；行动学习法；利益趋同

① 基金项目：福建省本科高校教育教学改革研究项目（"十三五"教育科学规划本科高校教改专项）"MPAcc 培养模式创新与实践"（项目编号：FBJG20170201）；华侨大学研究生教育教学改革研究项目"商业伦理与职业道德案例库"（项目编号：18YJG31）。

② 吴立源（1979—），女，安徽黄山人，副教授，华侨大学工商管理学院 MPAcc 导师；陈金龙（1965—），男，福建省龙海人，华侨大学工商管理学院 MPAcc 中心主任，MPAcc 导师。

科学研究和教育领域实践与理论脱节的问题日益受到重视。MPAcc 作为一种"实务导向""应用型"人才培养模式近年受到重视,"双导师制"和"实践基地建设"是重要的保障机制,但是,目前这两种制度在具体实施中普遍存在落实不到位的问题。通过对这一问题的分析,基于行动学习法和利益趋同提出"项目 + 双导师 + 团队"的 MPAcc 创新培养模式,以期为我国 MPAcc 培养模式研究和实践提供一定参考。

一、"项目 + 双导师 + 团队"MPAcc 培养模式提出的背景

国务院学位委员会、教育部 2004 年正式启动 MPAcc 项目,经过十多年的发展,MPAcc 培养单位由最初的 24 家壮大到现在的 266 家,覆盖了 31 个省、自治区、直辖市。MPAcc 有着非常明确的培养目标——培养具有发现问题、分析问题与创造性解决问题能力的高素质、应用型、国际化会计专门人才[1]。围绕这一目标,在教指委"以职业需求为导向,以实践能力培养为重点,以产学结合为途径"要求的指导下,各培养单位进行了大量有益的尝试:采用案例教学、实行双导师制、进行案例开发、建设实践基地等。

培养单位取得了一定成绩。2016 年,6 家试点单位(北京交通大学、上海财经大学、上海国家会计学院、中国人民大学、中山大学、中央财经大学)成为质量认证 A 级成员单位。2018 年 4 家培养单位(北京国家会计学院、东北财经大学、江西财经大学、中南财经政法大学)成为质量认证 A 级成员单位。2019 年,6 家培养单位(对外经济贸易大学、暨南大学、武汉大学、西安交通大学、厦门国家会计学院、中国海洋大学)成为质量认证 A 级成员单位;安永华明会计师事务所(中国人民大学、上海财经大学)、北京汽车股份有限公司(中央财经大学)、普华永道中天会计师事务所(上海国家会计学院)、瑞华会计师事务所(吉林财经大学、江西财经

大学)、陕西省国家税务局(西安交通大学)、天职国际会计师事务所湖南分所(湖南大学)、信永中和会计师事务所广州分所(暨南大学)、中国石化胜利油田分公司财务资产处(中国石油大学)、众环海会计师事务所(华中科技大学)、中铁大桥局集团有限公司(中南财经政法大学)等 10 家实践基地被评选为示范性联合培养实践基地[1]。

但是,MPAcc 的培养也仍然存在着各种问题,除了学者们认为普遍存在的教育目标不明确、应试教育现象严重、课程设置不尽合理、教学内容陈旧、教学方法落后(虽然许多学校声称使用了案例教学法,但实际上名不副实)、缺乏大数据类相关课程等问题外[2][3],我们认为以下三个问题最为紧要:第一,师资薄弱。招生规模的扩大导致每位校内导师需要指导多位学生,指导效果不佳[4]。按照教指委的规定,每位指导教师 3 年指导的学生人数不能超过 15 人,很多学校都在这一边缘游走(我们从网络上搜集了质量认证 A 级培养单位的招生规模和指导教师数量的粗略数据,简单计算后得出每位指导教师 3 年中所带 MPAcc 学生数目在 6 – 14 人之间。)。指导的学生人数过多,很难针对每位学生提供时间充足的指导,也就谈不上有针对性或者有效的指导。第二,双导师制与实践基地虚有其表。按照教指委的初衷,校内导师具有深厚的理论功底,实践导师具有丰富的实践经验,校内导师和实践导师互相补充,扬长避短,再通过与实践基地密切协作,以实现 MPAcc 学生培养的"实务导向",实现培养"应用性"人才的目标。但现实情况往往是,实践导师和实践基地只是出现在各种表格中,由于缺乏约束机制,实践导师没有时间也没有动力对学生提供指导;实践基地也起不到应有的作用,一方面容纳不了太多学生,另一方面也不想受到干扰和被"添乱"。第三,案例开发与毕业论文写作空洞。按照"实务导向""应用型"人才的培养要求,MPAcc 学生需要积极参与案例开发和撰写案例分析、调研(调查)报告、专题研究、组织(管理)

诊断等类型的毕业论文。但是，由于难以深入企业内部，无法获取一手资料，学生只能依靠二手资料对企业的财务、管理、战略等问题进行分析，最终大多数学生选择的都是案例分析类的毕业论文[5]，分析浮于表面，也得不出有创新性的看法。

事实上，上述问题基本都涵盖在"理论与实践脱离"的大范畴下：如果"知""行"统一，那么培养目标、课程设置、教学方式等都能够按照社会需求确定；也不需要特别强调实行双导师制和建设实践基地，或者双导师制能够确实起到弥补师资不足的作用，实践基地也能够确实起到深化认知的作用；毕业论文也会有实质性内容，能够对企业组织的现实问题进行有一定深度的思考。但是，在"知""行"未能有效统一的当前背景下，如何使双导师制和实践基地落到实处，真正成为实现"实务导向"培养要求的好工具是我们需要思考的问题。

二、"项目+双导师+团队" MPAcc 创新培养模式的提出

1. 对 MPAcc 培养现状的思考

MPAcc 培养中存在的问题本质上就是"知"与"行"分离、理论与实践脱节的问题。这并不是 MPAcc 独有的问题，而是中国管理研究中普遍存在的问题[6]，同样也深植于人才培养当中。传统教育模式下培养出来的"纯理论"博士为主体的理论界和敢拼敢闯的实业界之间存在深深的隔阂，前者认为后者是莽夫，后者认为前者纯粹纸上谈兵、自娱自乐。前者主导下的人才培养延续上一辈的思想理念继续对下一代人才的培养。很明显，当前教育界已经认识到这一问题，因此在 MPAcc 培养模式中强调"实务导向""应用型人才""双导师制""实践基地""应用性论文"等等[7]。

在当前的教育背景下，"双导师制"和"实践基地"如果能够有效实

施确实是一种弥合"知""行"分离的途径，因此，如何使其实施到位和落在实处就成为解决问题的关键。"双导师"和"实践基地"制度无法实施到位的根本原因在于大多数培养单位对实践导师和实践基地无法实施有效的硬约束。虽然可以采用颁发聘书、签订实践导师任务书、实践基地责任书等方式激发实践导师、实践基地的荣誉感和责任心[8]，但是最终话语权并不在培养单位，这种"软约束"缺乏效力，结果是："硬约束"不可行，"软约束"无效力。

2. 创新模式的主要内容

英国管理学思想家 Revans 在 20 世纪 80 年代将行动学习法引入管理学领域，近年来越来越得到教育界的重视和学者的共鸣。相较于案例教学法（Dutta，K.（2018）认为案例教学法的课堂讨论不能替代在"真实世界"的体验式学习，管理案例可能传达一种扭曲的现实感，这可能危及学习和解决问题的能力。）[9]，行动学习法以更为积极的态度强调学习和实践的关系，提倡在实践中学习，学生以团队协作的形式边"用"边"学"，解决企业实际问题，在实践中反思理论，这样才能进行卓有成效地学习[10]。"双导师制"和"实践基地建设"与行动学习法的思想一致，理念非常好，只是由于"软约束"的存在无法发挥作用，如何调动校外实践导师和实践基地的积极性是问题的关键。产学研合作采用项目合作形式是国内很多培养单位的选择，项目结束，产学研合作也随之结束，缺乏长期性和稳定性。但是项目这种方式确实能够协同校企双方的利益，是一种具有"利益趋同"效应的方式。

鉴于此，我们提出"项目＋双导师＋团队"的 MPAcc 培养模式，通过以项目为纽带实现"利益趋同"保障"双导师"和"实践基地"制度的有效实施，在案例教学法的基础上升级采用行动学习法，让学生在企业实际问题中学习、思考和进行能力培养。该模式具体由以下四个环节

组成:

（1）将项目与实践导师及实践基地遴选挂钩

以项目为标准进行实践导师的选拔。对社会开放实践导师和实践基地的申请，申请人的经验、资历不再是最重要的标准，关键看申请人是否有实际的项目合作需求。项目建设需求方与实践导师双重身份合二为一，就产生了"利益趋同"的内在驱动力：实践导师、实践基地接受聘书不再只是单纯地做"贡献"，而是确实有合作解决企业问题的需要，希望能够利用高校的理论资源和人力资源助力企业发展。为了解决企业自身面临的问题，实践导师也会尽力用自身丰富的实践经验弥补校内导师实践方面的不足。

（2）按项目进行团队建设

实践导师、实践基地报送项目，培养单位汇总后公布，校内导师和学生根据研究方向和兴趣组团申请承接项目并提交项目计划书。经委托方、专家组进行评审，确定方案，校内导师和实践导师、实践基地对接成功后签订项目合同，共同负责项目的实施。

（3）建立基于项目的评价指标体系

基于项目的评价指标体系包括对实践导师、校内导师和学生团队三方的评价，采用自评和交叉评价两种方式。对实践导师的评价重点在项目需求表述的清晰度、相关资料提供的支持力度、沟通的意愿等方面。对校内导师的评价重点在相关理论与分析工具的建议、对学生问题的指导、解决方案的效果等方面。对学生的评价重点在做项目任务的积极性、分析思路的逻辑性、团队协作等方面。

（4）项目资料归档和反思

每个项目结束后，培养单位要将项目相关资料存档，包括项目需求、项目组提供的解决方案、项目解决方案的实施效果、在项目中边"学"边"用"的体会、对自身不足的反思等。在完成项目过程中发现和总结教学上的不足，并在此基础上对教学大纲进行修订以满足社会职业发展的要求。

三、"项目＋双导师＋团队" MPAcc 创新培养模式的实践

1. 改革举措

按照"项目＋双导师＋团队"的 MPAcc 创新培养模式，采取如下改革举措：

（1）筹建"泉州经纶企业管理研究院"，进行市场化运作

为了更好地实现激励效果，筹建"泉州经纶企业管理研究院"，以其作为"项目＋双导师＋团队"创新培养模式的载体。依托研究院进行市场化运作，由研究院承接项目，项目经费的 50% 作为项目组成员的劳务费，剩余作为项目评审费、行政管理费，充分发挥导师和研究生积极性。同时指导教师还可以将实践问题提炼成各种社会问题，进行案例开发以及申请各类纵向课题，提升教学和科研水平。

（2）制定研究生实践教学过程优化方案

通过"泉州经纶企业管理研究院"对接企业承接研究项目，采用上文中提到的以项目为纽带遴选实践导师、组团申请项目、在双导师指导下执行项目、对项目完成情况以及导师和学生进行评价、对项目实施进行归档和反思，以期实现"用中学"和"实务导向"培养"应用型"人才的目标。

（3）采取学位论文与项目研究相结合的方案

专业学位论文需要与实践相结合，论文来源实践，又要高于实践。目前从专业学位论文看，存在的主要问题是：有的将专业学位论文写成学术型论文，用实证方法论证变量之间关系，与专业学位论文要求相悖；有的虽来源于实践，但缺乏深入研究，提出建议措施既缺乏理论高度，又不具

有实践可操作性。采取项目与学位论文结合的方案，通过双导师带研究生深入经营管理第一线，与企业高管一起解决企业面临的重大问题，鼓励 MPAcc 学生将所参加项目中的问题提炼成为学术论文，既确保论文学术高度，又能与实践紧密结合。

2. 改革效果

"项目＋双导师＋团队" MPAcc 创新培养模式取得了一定成绩：我校自 2017 年获得 MPAcc 招生资格以来，已有 50 人次在双导师带领下参加了 20 个项目；依托项目开发 5 个原创案例，其中两个案例分别入选全球案例发现系统和中国工商管理案例库；近 10 位 MPAcc 学生从项目中提炼问题撰写了毕业论文，并在毕业论文盲审中获得较高评分。

四、经验与启示

"项目＋双导师＋团队" MPAcc 创新培养模式的实践并不是一帆风顺，刚开始局面尚未打开，外界对该模式的效果也存在怀疑，项目承接比较难，带项目而来的实践导师较少，承接的项目无法满足所有指导教师和 MPAcc 学生的需要。另外，校内导师大多数皆是从学校到学校，对社会实践认识匮乏，之前也没有机会进入企业研究实际问题，因此，刚开始指导教师无法满足项目提供方解决企业问题的需求。为此，我们采取下面的解决方案：和外部咨询机构合作，以其为桥梁、借助其力量，经过一段时间摸索，校内导师逐步适应校外项目运作方式，逐步参与，最后主导项目运作。

当前财务与会计领域实践创新日新月异，教材和学术研究很难跟上实践步伐，学校教育需要紧跟社会实践，才能对研究生进行有效培养。基于行动学习法和利益趋同的"项目＋双导师＋团队"的 MPAcc 创新培养模式采用问题导向，以项目为核心落实双导师制和实践基地建设，取得了一些成绩。从总体上看，"项目＋双导师＋团队"MPAcc 创新培养模式的方向是正确的。泉州拥有发达的民营经济和数量众多的中小企业，是一个天然的企业项目池，能够为创新培养模式的实施提供支撑。未来我们将继续"以职业需求为导向，以实践能力培养为重点"致力于这一创新模式的探索。

参考文献

[1] 会计专业学位研究生教育指导委员会. 会计硕士专业学位研究生参考性培养方案（2019 年）［EB/OL］, http：//www. mpacc. cn.

[2] 龚志文, 张翎子, 杨建仁. 地方理工科院校会计专业硕士（MPAcc）培养模式研究［J］. 金融教育研究, 2018, 31（6）：69 –74.

[3] 刘儒晅. 对会计专业硕士培养模式改进的思考［J］. 高等财经教育研究, 2019, 22（2）：36 –42.

[4] 向桂霖, 张鲜华. 基于中外三所高校 MPAcc 培养模式的比较研究［J］. 陇东学院学报, 2019, 30（5）：106 –112.

[5] 黄辉. 基于盲审分数的 MPAcc 学位论文质量分析——以重庆工商大学为例. 财会通讯, 2020,（9）：169 –172.

[6] 贾旭东, 衡量. 基于"扎根精神"的中国本土管理理论构建范式初探. 管理学报, 2016, 13（3）：336 –346.

[7] 陈宏斐, 邱卫林. 专业会计硕士（MPAcc）培养模式的探讨. 东华理工大学学报（社会科学版）, 2018, 37（1）：82 –84.

[8] 王加灿, 曹越, 蔡梦凡. 基于产学合作的 MPAcc 实践导师角色、素质与考核研究. 当代教育实践与教学研究, 2019,（16）：229 –230.

［9］Dutta, K. (2018). Solving wicked problems: Searching for the cognitive trait. International Journal of Management in Education, 16, 493 – 503.

［10］Cheryl Brook, Mike Pedler. Action learning in academic management education: A state of the field review. The International Journal Of Management Education, 2020, (18): 1 – 10.

华侨大学　工商管理学院

基于"乡创工作坊"的
高校乡村规划实践教学启示[①]

黄媖露　张家睿　成　丽　乌云巴根　桑晓磊[②]

摘　要: 乡村振兴,规划先行。针对目前城乡规划教育、学生培养等工作出现的落地性不强、教学实践不够丰富、学生对专业知识应用不足等问题进行反思。通过对华侨大学建筑学院"乡创工作坊"的实践教学案例分析,提出"以乡村为教案,以村民为老师"的实践教学基本原则,以及"注重过程体验""促进不同群体的交流""建立系统化的实践教学计划"的乡土教育理念与方法,对高校的乡村规划实践教学提出新的模式。

关键词: 乡村规划;工作坊;体验式教学;参与式规划

---

① 基金项目:华侨大学"华侨华人研究"专项研究课题(项目编号:HQHRYB2019-06);东南沿海生态人居环境福建省高校重点实验室开放研究课题(项目编号:Z17X0027)。
② 作者单位:黄媖露:华侨大学建筑学院、台湾台北大学;张家睿:广东工业大学;成丽:华侨大学建筑学院;乌云巴根:华侨大学建筑学院;桑晓磊:华侨大学建筑学院。

一、前言

中国政府提出实施乡村振兴战略，指出乡村振兴战略是解决"三农"问题，全面激活农村发展的重大行动。与传统的城市规划相比，乡村规划具有更显著的地域差异、社会参与、社区营造的特点，知识体系、组织方式、工作方法、实施过程也不尽相同，对城乡规划教育体系和人才培养模式提出了新的挑战[1]。长期以来规划教学与实践还是以"城市"或"城镇"为对象[2]，专业内涵的完善和在实际教学中的转变仍有很大的差距，乡村建设人才缺口巨大。

乡村规划实践的问题反馈，体现了当前高校在乡村规划教育培养中存在的缺失。针对乡村规划教育培养中存在的种种问题，全国各地的高校也展开了各式各样的教学改革与实践，例如完善乡村规划教学，将乡村规划教学内容与原有课程体系进行有机融合，以及开展形式多样的实践教学等。

本文尝试探讨基于国家教学大纲要求下，高校乡村规划实践教学如何适应现代乡村建设需求，以华侨大学建筑学院"乡创工作坊"的组织与运行方式为例，提出改善乡村规划的教学和实践模式。

二、"乡创工作坊"的理论基础与内涵

近十年来，由于我国高等教育的革新，以短期工作坊形式的教学模式已经比较多地在设计类院校开展[3][4][5][6]。但以乡村规划为对象的工作坊教学模式并不多见，本研究所提出的"乡创工作坊"是基于此背景下，为推进乡村建设和可持续发展，所探索的一种本土化模式。

1. 体验式学习与乡土教育的融合

1984年哈佛大学库伯（Kolb）教授构建了体验学习模型—体验学习圈

（experiential learning cycle）（图1），从哲学、心理学、生理学角度对体验学习做了很多研究，为体验式教学的理论和实践奠定了基础[7]，体验学习可以概括为对实物有计划的感知与系统的社会实践活动，并以此达到丰富学生认知、提高学生思维能力、增强学生社会实践能力、以及强调学生人格发展与社会性发展为核心的学习方式与活动[8][9]。

自20世纪90年代开始，国内展开了体验式教学理念的梳理和介绍，在不同的教育阶段都有大量的应用案例，其应用领域也相当广泛，既有语文、英语、地理学等学科基础教育，也有设计领域、医学护理、思政教育等方面的应用[10][11][12]。

不论是规划设计的专业教育，还是乡村本土文化的保存延续，"乡土教育"的推广都是非常必要的。规划设计者仅基于城市建设教育，从城市人的视角对乡村进行改造设计是不可取的。乡土教育，是让参与者认识和了解出生、成长的乡土环境，培养其尊重和热爱乡土的情感，获得建设乡土的技能[13]。它有助于引导区域人口对乡土文化的认知，推进乡土文化保存及延续。

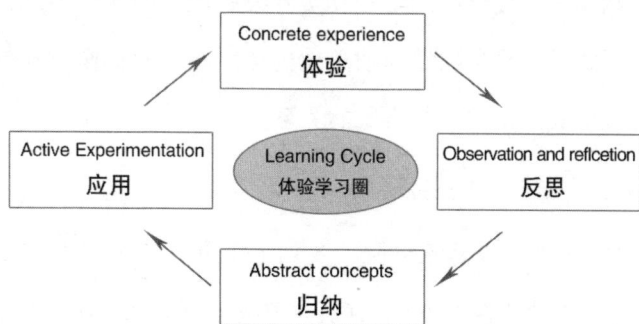

图1　Kolb（1984）体验学习圈

因而，针对乡村建设的介入，体验式教学提供了有效的具体形式，"乡土教育"则提供了方向与方法。"乡土教育"在体验式教学中的融入，对于设计教学在乡村地区的操作提供了理念、方法的支撑，有助于设计教学的调整改革，发挥教育在乡村建设中的推动作用。

2. 工作坊作为参与式设计的外延

广义的参与式设计一般称为"公众的参与式设计",其核心即"参与",强调使用者在设计过程中被赋权,让空间使用者能够加入公共区域的规划与设计,影响环境改造的决策[14]。这种设计方式,最大的好处在于使用者不是被动地接受政府或设计者对他们生活环境"专业"的设计和重建,而是真正参与到环境的营造,有效地表达对环境的诉求,甚至决定环境的建设方案[15]。参与式设计的过程由专业设计师、研究人员、使用者三方协同合作参与,使用者的参与程度应深入到整个设计系统各个细节,根据实际情况对方案进行修改[16],其关键在于民众能深度表达意见与诉求。参与式规划的最终成果不是缺乏弹性的蓝图,而是一系列可操作、可适应环境变化的行动计划[17]。

1960 年哈普林（Harplin）将工作坊概念引用到都市计划中,成为可以提供各种不同立场、族群的人们思考、探讨、相互交流的方式[18]。基于此,工作坊和参与式设计概念本身其实并没有严格的区分界线,逻辑关系上可认为参与式设计是工作坊的抽象化内涵所在,而工作坊则是参与式设计的实践表现形式,是本质与表象的关系。

3. "乡创工作坊"的内涵

综上所述,华侨大学建筑学院"乡创工作坊",是以培养乡村建设型人才为目标,融合体验式教学理念的工作坊教学模式。工作坊的教学设计,既需要关注乡土教育的方法,亦需发挥工作坊教学模式的特点。另一方面,工作坊作为课堂教学的补充,具有实验性、灵活性的特点,能够更及时地衔接时下社会问题,进行实地策略研究,从而产生更多元的交流与思考碰撞。

（1）强调"过程"、重视"实践"。工作坊中参与者可以更多地通过亲身接触、直接体验进行学习。教学设置更为灵活,教学内容与方法更具针对性、更强调因地因材施教，能够激发参与者学习的自主性与创造力。

（2）向村民学习、向乡村学习。作为高校课堂教学的补充，工作坊既需要围绕着高校师生的教学活动展开，更应该关注教学活动对于"乡村社区"的影响与作用。

（3）打破壁垒，促进不同人群间的交流与互动。有别于课堂教学或职业技能训练，工作坊设计教学的特点之一，是通过教学活动建立起不同人群间的"联合"。在与不同人群的思想碰撞中，高校学生可以打破思维定式，更真实地了解社会、理解价值的多样性，尤其是问题复杂、建设过程艰难的乡村。

三、"乡创工作坊"模式的探索与成果

从规划实践教育课程的发展，证明实践在规划教育中是不可或缺的，有鉴于此，我们结合体验式学习理论，将实践经验融入教学之中，意图培养与规划实践匹配的人才。

1．工作坊的架构和运作模式

华侨大学建筑学院"乡创工作坊"主要包含三种角色，即"主要参与者（学生）""引导者（教师）"与"项目参与者（村民等）"（图2）。其中学生团队作为"主要参与者"为工作坊组织的主体，该组织架构主要有三大特点：1）引导者的有力组织；2）主要参与者的跨系联盟，打破了以往以单专业发展为主的工作坊模式，将建筑、规划、景观专长的学生融入工作坊，从而形成人才团队的综合培养；3）项目参与者的利益共同体，通过外接团队与政府、村民及企业等的加入，让学生了解乡村建设需要综合协调与团队合作，学会客观辩证地思考乡村规划的切入点，并进一步提升团队的综合能力。

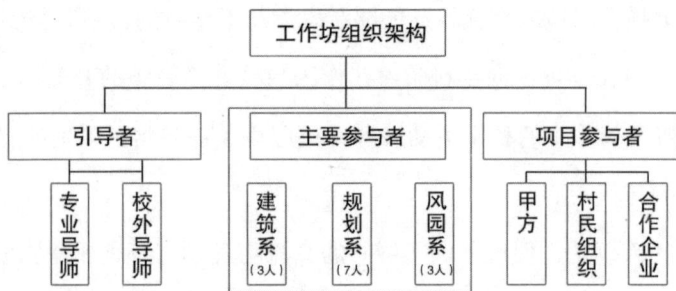

图 2 "乡创工作坊"组织架构

2. 工作坊实践的过程与成效

工作坊自成立至今，已展开形式多样的活动 10 余场（表 1），本文将结合实际案例对工作坊的运作方式做进一步介绍。

表 1 工作坊实践课程列表

课程教学目的	工作坊活动形式	具体内容
乡村自然和人文资源的认知	村庄田野调查	到田洋村、澳头村、兑山村、长柄村摄影、访谈、实地观察；探访厦门澳头村史馆；举办公益讲座
	参与民俗活动	集美大社元宵节、国际龙舟赛
实践教学进阶	参与规划实践项目	集美大社历史建筑普查、侨楼修缮、街区环境改善等工作、文创旅游街区项目、村庄建设规划设计
	乡村文化探索	中国华侨建筑口述史工作坊、全国速写爱好者手绘交流会
	乡村营造实践	乡村营造沙龙、乡村微景观建造比赛、乡村公益课堂活动等、参与社区营造志愿服务①
实践教学的反馈	参与研究课题	2019 年厦门市人文社科基地调研课题
	活动的总结与反馈	建立过程日志与成果总结，将相关记录进行教学材料编写，探讨如何进一步进行改进与提升，并结合科研课题进行成果发表。
	参加乡村相关的学科竞赛、创业大赛、课外实践活动	共参与各式大赛 10 余项，并获得各类奖项②

----

① 大手牵小手手绘志愿服务、武术进社区志愿活动、两所高校写生联谊等。

② 共参与各式大赛 10 余项，团队成员获得"2017 年集美大社墙绘比赛一等奖""2018 年建筑学院晋江经验社会实践一等奖"与"校级优秀团队奖""2018 年厦门市同安区村民＋大学生微景观设计大赛三等奖"与"乡村振兴奖""2018 年华侨大学社区公共空间装饰与美化大赛一等奖"等。

（1）乡村基础认知。工作坊主要采用"场景带入""互动参与"两种教学方式。"场景带入"即带学生深入厦门各个乡村，通过现场调研、访谈与讲座学习，培养对乡村的兴趣和热爱。工作坊已在兑山村、澳头村、田洋村等开展短期驻村活动，并成功在集美大社和田洋村举办了两场"乡村公益沙龙"，邀请了来自台湾地区和日本的高校导师与学生和村民进行互动，并针对各个乡村的特点提出切实可行的指导意见。"互动参与"则是通过开展与乡村相关的活动主题策划，例如协办 2019 年第二届中国建筑口述史学术研讨会暨华侨建筑研究工作坊，在集美大社召开现场交流会，调动学生的自主性和积极性，

（2）实践教学进阶。中国城乡二元化体制下形成的诸多问题，造成的乡村的复杂性与多样化。在教育实践中主要采用基地共建的形式来进行，以工作坊驻点厦门集美大社为例，华侨大学建筑学院与联发集团共同签署了基地共建协议，以推进"大社计划"落地实施为目标，内容主要围绕基地建设的三大主题内容展开，包含产学研合作、人才培养合作、品牌共建合作等。在接近一年的时间里，工作坊借助建筑学院的实践基地平台，在大社展开了形式多样的教学实践活动，包含了集美大社"怡本楼"修缮设计、集美大社"建业楼"历史建筑测绘、集美大社历史建筑普查、集美大社研学线路规划以及集美大社"公益讲堂"策划等活动。

（3）教学效果评估。设立教学效果评估机制，是对工作坊健康有序运行的保证。教学效果评估主要包含两个方面，其一是对专业能力的提升和运用情况的体现，主要通过鼓励团队参加乡村相关的学科竞赛、创业大赛、课外实践活动等方式来进行。其二是综合能力水平的评价。主要通过参与项目与活动的反馈意见，以及提交的作品来进行评价。导师团队通过建立过程日志与成果总结的方式，将相关记录进行教学材料编写，探讨如何进一步进行改进与提升，并结合科研课题进行成果发表。

四、"乡创工作坊"的实践总结

华侨大学建筑学院"乡创工作坊"扎根乡村，通过完善实践教学体系，推动本科乡村规划教学与实践的紧密结合，加强多学科的交叉合作，为培养乡村建设型人才提供平台和桥梁。在近两年的实践教学过程中，工作坊遵循的基本原则即"以乡村为教案，以村民为老师"，提炼出乡村规划教育融入乡土的理念与方法，即注重过程体验、促进不同群体的交流及建立系统化的实践教学计划。体验式教学与乡土教育相融，与以往传统实践教学最大的区别主要体现在以下三点：

1. 传统教学是大学生教化村民，现在是向村民学习，村民侧重生活和实践，大学生注重理论和理想。两个不同群体的思维碰撞，可以互相影响、互相促进。

2. 通过建立系统的教学计划，从认知、体验、反思、归纳、再应用，形成循序渐进的教学模式。

3. 可持续性的特点。工作坊以乡村环境为主要教学基地，不断产生新的议题，但也不是完全发散的，而是在一定范围内的引导。

另外在成果的可持续性上主要体现在：学校和老师在各个乡村成立工作坊；工作坊带动学生参与；学生参与获得知识提升和自我价值实现；高年级学生带低年级学生，高年级学生毕业后继续服务工作坊和乡村振兴并找到职业发展方向，实现社会价值；工作坊也在这个过程中与地方和村集体进行深入融合（改造环境，发展产业），实现自我循环和造血功能；学校老师则利用地方丰富的人文社会和生态环境进行多元化的教学实践，帮助学生学以致用，甚至实现产学研结合的三赢局面。

参考文献

[1] 城市规划学刊编辑部."城乡规划教育如何适应乡村规划建设人才培养需求"学术笔谈会.城市规划学刊.2017（5）：1－13.

[2] 城市规划学刊编辑部.特约访谈：乡村规划与规划教育（一）[J].城市规划学刊.2013（3）：1－6.

[3] 张倩.国际联合教学的组织与实施：一种跨文化、跨学科、跨年级的互动教学模式 [J].规划师，2009（1）：101－104.

[4] 邵甬.建筑与城乡遗产保护教学改革初探：以中法同济－夏约联合教学成果为例 [J].北京规划建设，2012（6）：44－48.

[5] 叶红，郑书剑.华南理工大学与哈佛在中国农村的对话：一次有价值的联合规划教学 [J].南方建筑，2010（1）：26－29.

[6] 吴健梅，刘莹，Flora Samuel, et al. 跨越围墙的学习场——哈尔滨工业大学与英国谢菲尔德大学联合设计教学的启示与思考 [J].中国建筑教育，2014：24－30.

[7] 张家睿.基于体验式教学的建筑专业低年级实验教学创新 [J].实验技术与管理.2014，31（2）：168－171.

[8] 张思明.体验式教学在实践中的问题与对策 [J].教书育人.2004（12）：56－57.

[9] Kolb et al., 1999, Experiential Learning Theory：Previous Research and New Directions

[10] 石坚韧，郑四渭，舒永钢.建构国际化城市设计工作坊体验式教学模式 [J].实验室研究与探索 2011，30（6）：99－103.

[11] 周红，郑善文，郭俊明.《历史文化遗产保护》课程"体验式教学"初探 [J].内蒙古师范大学学报.2016，29（9）：142－144.

[12] 成丽, 方羽珊. 原生态建筑及环境体验式教学方法初探 - 以华侨大学建筑设计基础课程教学改革为例 [J]. 新建筑. 2013 (4): 114 - 118.

[13] 万明钢. 论台湾的乡土教育 [J]. 西北师大学报 (社会科学版), 2011 (6): 1 - 4.

[14] 林婉仪. 台湾参与式设计的过程观察及其启示 [D]. 广州: 华南理工大学, 2013: 2 - 3.

[15] 杨轶然. "城中村" 社区公共空间的参与式设计研究 [J]. 美术大观, 2011 (11): 143 - 143.

[16] 钱缨, 苏庆东. 公共空间的参与式设计模式 [J]. 西安建筑科技大学学报 (自然科学版), 2011, 43 (1): 90 - 95.

[17] 黄耀福, 郎嵬, 陈婷婷, 等. 共同缔造工作坊: 参与式社区规划的新模式 [J]. 规划师, 2015 (10): 38 - 42.

[18] MBA 智库百科: wikl. mbalib. com, 2014 - 01 - 02.

混合式教学模式下师生互动提升策略研究

——以"工程经济学"课程为实证

祁神军　詹朝曦　肖争鸣　叶秀品　张　泳

摘　要： 混合式教学下师生互动是学习成绩和学习能力提升的关键。在识别混合式教学下师生互动的关键影响因素和测量指标的基础上，揭示其内在师生互动机理；以在学学生为实证，拟合了混合式教学下师生互动的提升路径。"教师积极性→学习活动的科学性→学生投入→师生互动"路径对师生互动效果的影响较小。最后，针对师生互动的关键因素，提出相关措施，为进一步提升混合式教学效果提供理论和实践指导。

关键词： 混合式教学；师生互动；提升路径；网络技术平台

一、引言

随着现代信息技术的快速发展，网络在线教学越来越多地被运用到教育教学当中，线上＋线下相结合的混合式教学模式将逐渐占据教育教学领域的主要位置。混合式教学不仅囊括了线上及传统教学模式的优势，也在教学过程中更充分地调动了学习者的积极性、创造性和主动性，逐渐成为现今社会主流的教学模式。但是如何提高师生互动成为学生学习能力提升的关键，作为教学的主导者，教师究竟如何通过网络协同平台和课程资源建设、线上和线下的互动交流而影响学生投入和师生互动积极性。

在师生互动积极性提升方面的研究，主要集中在教师角色的转变和定位、网络平台及课程资源配置、学生角色定位和转变、教师与学生的互动等方面。在教师角色方面的研究，主要分析了教师应在混合式教学中扮演课堂的组织者和引导者等角色[1]，引领学生进行在线讨论交流[2]，并与网络教学平台技术相融合[3]；在学生投入方面的研究，则研究了学习投入度[4]、学生学习效果的评价[5]、学生自主学习能力[6]；在课程设计方面，主要研究了混合式教学下如何利用网络平台进行课程的设计[7]。

学习积极性提升是混合式在线课程开展的关键，且研究发现了学习积极性不高、教师与学生线下沟通存在障碍、平台主要结构设置繁琐等问题[8]，但是这些影响因素相互之间的影响机理及影响程度，尚未有相关研究进一步论证。相关研究主要对比分析了微信公众号等平台使用前后的效果[9]；尽管相关学者提出通过微课可以使学生在时间和空间上具备学习的灵活性与便捷性，利用碎片化的时间学习，提高学习效率[10, 11]。但课程资源配置的灵活性和在线学习的灵活性对师生投入师生互动效果等方面并没有展开研究。

然而，在混合式教学过程中学生应全身心投入，教师应基于网络教学平台进行课程资源配置，通过讲授与技术融合实现课程灵活学习，并通过见面互动提高学生学习效果，及时有效地与学生在线互动，提高学生的学习投入积极性；此外还应该提高学生自我控制能力，加强学生的自学能力培养[12]。但是教师是如何影响学生积极性，提高师生互动的积极性，相关研究甚少。鉴于此，本研究以师生互动为目标，分析教师是如何通过网络技术平台、在线学习和见面互动等吸引学生投入和提高师生互动。

二、理论模型构建

（一）结构方程模型

结构方程模型（简称 SEM，Structural Equation Modeling）假定一组因变量之间存在因果关系的基础上，采用因子分析、路径分析等统计方法探测某一对象的影响因素之间的关系及对该对象的影响。结构方程模型包含结构模型和测量模型。

结构模型是潜变量间的因果关系模型的说明，其关系如公式（1）和（2）所示：

$$X = \Lambda_x \xi + \delta \qquad (1)$$

$$Y = \Lambda_y \eta + \varepsilon \qquad (2)$$

式中，δ 表示外洐潜在变量的测量误差向量；ε 表示内洐潜在变量的测量误差向量；Λ_x 表示指标 X 与外因潜在自变量的关系；Λ_y 表示指标 Y 与内因潜在自变量关系。

测量模型是由潜在变量与观察变量组成，是一组观察变量的线性函数，如（3）式所示：

$$\eta = B\eta + \Gamma\xi + \zeta \qquad (3)$$

（3）式中，B 表示 ξ 变量间的结构系数矩阵；Γ 表示 ξ 变量对 η 变量的结构系数矩阵。

（二）混合式教学下师生互动的关键影响因素界定

混合式教学就是将在线教学和传统教学的优势结合起来所形成的一种"线上"＋"线下"的教学模式。该模式以学生为中心，基于网络技术的多媒体教学资源、学生自主自由学习、以学生为中心的见面互动课程和远程直播、及时动态的呈现学习效果。混合式教学涉及学生线上自主学习、教师主导的见面课互动学、课后的学生自我巩固提升等环节。

1. 教师投入

在混合式教学环境下，教师投入指教师对在线课程、线下互动及见面课程的投入。相关研究得出教师投入是影响混合式在线学习的重要因素，教师有效利用网络学习平台配置课程资源、安排在线学习任务、有效地组织线下互动翻转课堂和互动答疑，都会极大地吸引学生的学习兴趣和提高师生互动的效果[13]。教师投入积极性主要体现在教师对学生在线学习任务布置的合理性（TP1）、翻转课堂的重难点把握的适度性（TP2）、互动活动组织的有效性（TP3）、互动答疑的及时性（TP4）、课堂互动奖励的公平性（TP5）、在线讨论互动的及时性（TP6）。

2. 学生投入

学生投入指学生对学习活动、人际互动等方面投入的时间、精力等，一方面包括常规学习情景下的学生投入，另一方面包括在线学习情景下的学生投入[14]。在混合式在线教学模式下，学生投入则指后者，在本研究中特指学生通过在线课程、线下互动及见面课程的投入。因此在学生投入方面，选择学习者本身的自我效能感（SP1）、学习任务的感知（SP2）、学习经验和方法的交流（SP3）、知识的交流（SP4）、在线交流的信心（SP5）、在线学习方式的偏好（SP6）、在线学习动机（SP7）、在线学习收获的期望（SP8）等 8 个指标进行测量。

3. 师生互动

在混合式在线教学中，师生互动指在学生在线学习、互动答疑、直播及见面翻转课堂中，基于平等的师生关系，为实现预期教学目标和任务，运用 QQ、微信及其他即时交流工具实现师生之间的问题探讨、互动交流和主题讨论，在这些互动过程中所发生的相互影响和相互作用的言行举动[15]。具体表现在见面翻转课堂中教师与学生的互动、在线学习交流平台互动的积极性。师生互动主要包括见面课程中教师组织的互动活动的有效（TSI1）、在线课程互动答疑及时（TSI2）、教师对讨论话题和作业反馈的及时性（TSI3）、见面课程中教师与学生的传统互动交流（TSI4）。

4. 网络学习平台

网络学习平台（network learning platform，NLP）是充分利用现代信息技术，改变以教师讲授为主的单一教学模式，采用计算机辅助教学模式，开发和建设基于计算机网络的教学课程，为学生提供良好的学习环境与条件[16]。网络学习平台虽然在一定程度上可以克服教学在时间和空间上的限制，但是由于网络学习平台本身不稳定、操作不便、技术支持不及时、访问速度慢、视频播放及资源下载慢等原因，导致学习积极性不高、师生互动难以展开。因此选择以下基本指标进行测量：①操作平台的人性化（NLP1）；②平台的稳定性（NLP2）；③平台技术支持及时性（NLP3）；④平台视频播放流畅度（NLP4）；⑤平台访问的便捷性（NLP5）。

5. 学习的灵活性

灵活性是混合式在线课堂的关键和灵魂，是有效提高学习者积极性的关键。学习者可以通过灵活的移动平台、根据自己的时间、在不同的场合灵活自主地安排学习。因此学习的灵活性（FL）可以通过课程学习时间灵活（FL1）、课程学习方法灵活（FL2）、课程学习空间灵活（FL3）及课程学习工具灵活（FL4）等指标进行测量。

6. 学习活动的科学性

学习活动是学生自主学习的基础保障，学习活动的科学性是吸引学生的关键。通过网络学习平台，学生能够独立完成在线视频、在线讨论互动、课后作业、周测试及期末测试等环节的自学任务。这些环节的安排，既要有一定前后时间安排的逻辑性，又要具有一定的时间弹性和活动安排的灵活性，以适应不同学习水平的学生自主灵活选择；同时，也需要教师及时地互动解惑，这就需要科学设计在线学习的相关活动。鉴于此，学习活动的科学性可以通过在线自我学习内容及时间安排合理（SOL1），在线互动答疑的及时、有效（SOL2），课后作业及测试对能力的提升和知识巩固有效（SOL3），周测试对能力的提升和知识巩固有效（SOL4），期末小测对能力的提升和知识巩固有效（SOL5）等指标进行测量。

（三）基本理论模型假定

在上述基本分析的基础上，提出如图1所示的混合式教学下师生互动提升路径的假设模型，并提出了7个基本假设。

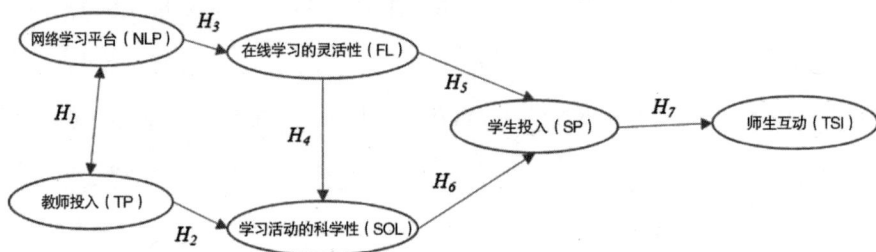

图1　混合式在线学习环境下师生互动提升路径的发生机理假定

H1：教师投入（TP）与网络技术平台（NLP）之间产生显著的双向影响；H2：教师投入（TP）对学习活动的科学性（SOL）产生显著的正向影响；H3：网络技术平台（NLP）对学习的灵活性（FL）产生显著的正向影响；H4：学习的灵活性（FL）对学习活动的科学性（SOL）产生显著的正向影响；H5：学习的灵活性（FL）对学生投入的积极性（SP）产生显著的正向影响；H6：学习活动的科学性（SOL）对学生投入的积极性（SP）

产生显著的正向影响；H7：学生投入的积极性（SP）对师生互动（TSI）产生显著的正向影响。

三、实证研究

（一）问卷设计与调研

基于混合式在线学习环境下师生互动提升路径的发生机理和影响因素的假设，采用 Likert5 级量表设计调研问卷。问卷包含三部分，第一部分是问卷的设计和调研目的；第二部分是关于教师、学生投入、互动积极性、满意度提高及学习能力提升的，其中 1－5 分别表示"非常反对""反对""一般""赞成"及"完全赞成"；第三部分则是学生学习能力及学习成绩的相关调查。

问卷直接通过超星学习通的"活动"功能发布，对华侨大学土木工程学院 2016 级土木工程 1 班至 5 班、2015 级工程管理 1 班和 2 班及"学银在线"学生进行调研。共计收到问卷 280 份，其中有效问卷 242 份，有效回收率达到 86.429%。

（二）数据信度与效度分析

经统计分析显示，网络学习平台的信度系数为 0.929；教师投入积极性的信度系数为 0.932；在线课程学习的灵活性的信度系数为 0.910；学习活动的科学性的信度系数为 0.924；学生投入的信度系数为 0.959；师生互动的信度系数为 0.945。总之，所有变量的信度系数均大于 0.9，甚至接近 1，表明问卷的数据可靠性得到保证。

（三）模型拟合

经过三轮次的模拟拟合，得到最终的拟合模型，如图 2 所示：

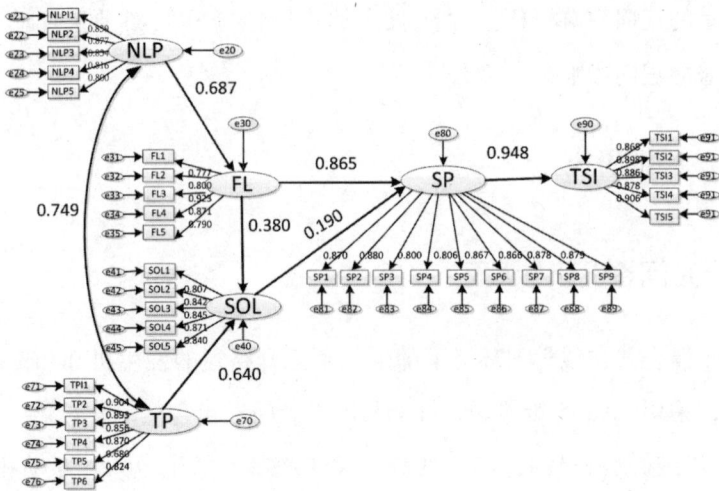

图 2 混合式教学下"工程经济学"师生互动的提升路径的模拟结果

修正后的模型的拟合度指数如表 2 所示：

表 2 型修正后的拟合指数

指标	X2 /df	RMSEA	NFI	TLI	CFI	IFI	PNFI	PCFI
数值	2.006	0.065	0.901	0.940	0.947	0.948	0.785	0.826

由表 2 可得，X2 /df 介于 1 – 3 之间，NFI、TLI、CFI、IFI 都大于 0.9，且 PNFI 和 PCFI 都大于 0.5，说明该模型拟合较好。修正后的模型的主要变量间的路径系数如表 3 所示：

表 3 路径系数及显著程度

路径系数			原假设	标准化路径系数	显著程度	是否支持假设
TP	←→	NLP	H1	0.749	* * *	支持
SOL	←	TP	H2	0.640	* * *	支持
FL	←	NLP	H3	0.687	* * *	支持
SOL	←	FL	H4	0.380	* * *	支持
SP	←	FL	H5	0.865	* * *	支持
SP	←	SOL	H6	0.190	0.005	支持
TSI	←	SP	H7	0.948	* * *	支持

备注：* * * 表示在 5% 水平下显著。

由表3不难发现，师生互动最大的影响因素归结于学生投入的积极性；网络学习平台与教师投入产生显著的双向影响；由于教师投入和网络学习平台的相互作用，可以有效提高学习的灵活性，从而较大程度地提高学习积极性和师生互动；此外，教师对课程的整体设计，可以提高课程互动的灵活性，但对学生投入的影响较小。

（四）结果分析

根据模拟拟合结果，可计算得出如表4所示的潜变量之间的总效应系数。

表4　原因变量对结果变量的总效应

潜变量	NLP	TP	FL	SOL	SP
FL	0.687	0.000	0.000	0.000	0.000
SOL	0.261	0.640	0.380	0.000	0.000
SP	0.644	0.121	0.937	0.190	0.000
TSI	0.611	0.115	0.889	0.180	0.948

由表4不难发现，网络学习平台（NLP）是最重要的原因变量，其次是教师投入积极性（TP），而学习的灵活性（FL）和学习活动的科学性（SOL）成为典型的中介变量，学生投入（SP）和师生互动（TSI）成为典型的结果变量。但是中介变量中，SOL的作用明显小于FL。

进一步分析得到影响师生互动的三条关键路径：

路径1：教师投入积极性◆➡网络学习平台➡学习的灵活性➡课程学习活动灵活性➡学生投入➡师生互动；

路径2：网络学习平台◆➡教师投入➡课程活动的灵活性➡学生投入➡师生互动；

路径3：教师投入积极性◆➡网络学习平台➡学习的灵活性➡学生投

入➡师生互动。

路径 1 和路径 2 都较为显著，而路径 3 较为不显著。影响师生互动积极性的关键因素在于教师如何利用网络学习平台将课程学习的灵活性提高，使学生更加积极地主动学习。

四、师生互动的提升与改进措施

（一）网络学习平台的持续改进

网络学习平台的影响因素中，"网络学习平台的操作性人性化、导航清晰、便捷（NLP1）""网络学习平台的稳定（NLP2）""网络学习平台的技术支持及时（NLP3）""网络学习平台的视频播放流畅（NLP4）"及"网络学习平台的访问及资源下载速度（NLP5）"的荷载系数分别为0.839、0.877、0.834、0.816 和 0.800，说明这些影响因素都很重要。

上述结果说明网络学习平台稳定运行至关重要，需要及时有效的技术支持，操作应尽量人性化、导航清晰、便捷；其次网络学习平台的视频播放的流畅性也不可忽视；最后应保证学生和教师能够快速地访问和下载课程资源。

（二）教师投入积极性的提升

教师投入积极性的影响因素中，"在线学习任务布置合理，针对性强（TP1）""互动翻转课程（或直播）能把握住重难点（TP2）"两因素相对最为重要，它们的荷载系数分别达到了 0.904 和 0.893。由此可见教师对在线混合式学习的任务布置合理，且能够在互动翻转课程中准确把握重点和难点，能够有效提高整个的学习效果。

其次，"互动答疑及时、有效，针对性强（TP4）""互动活动组织有效，张弛有度（TP3）""及时有效地对优秀讨论话题进行点赞，活跃网络学习氛围（TP6）"等因素的影响相对也较大，它们的荷载系数达到了0.871、0.856和0.824，说明它们也是不可忽视的因素，教师应能够通过网络平台，如QQ群、微信群和学习平台有针对地、及时进行互动答疑，及时对各类话题进行互动评价，并能有效组织见面翻转课堂。

最后，"及时有效地对选人、抢答等活动进行公平的奖罚，活跃课堂氛围（TP5）"的影响相对较小，这说明在教学过程中"选人""抢答"等互动性活动本身的互动性还没充分发挥，因此教师在教学中活用这些功能，更能提升学习活动的科学性。

（三）网络学习平台本身的灵活性的强化

课程学习灵活性的影响因素中，"课程学习空间灵活（FL3）"的影响最大，其影响系数达到了0.923，"课程学习工具灵活（FL4）"的影响次之，其影响系数也达到了0.871。这说明由于学生可以灵活使用手机、平板、笔记本等主要移动工具，不受空间约束，不仅能够在教室、图书馆等公众场合学习，还能在宿舍、家里，甚至在等候公交车、动车站等地方学习。换言之，由于学习工具的灵活性带来了学习空间的灵活性，有效提高了学习效率。此外，"课程学习方法灵活（FL2）"的影响也较大，足以说明在线视频学习、线下见面互动、课后及时互动等方法能够有效提高学习的灵活性。此外，"课程学习时间灵活（FL1）"的影响相对较小，但是也达到了0.777，这说明学习时间灵活也能有效提高学习的灵活性，但由于学生们的课程相对较多，时间并不是很灵活，进而出现该因素的影响相对较小的情况。

（四）课程资源吸引力的提升

尽管学习活动的科学性对学生投入和师生互动的总效应系数仅为

0.190 和 0.180，但应作为一个重点突破的措施，使它们之间的路径系数提高。就其影响因素来看，"周测试对能力的提升和知识巩固有效（SOL4）"的荷载系数最大，而"课后作业及测试对能力的提升和知识巩固有效（SOL3）""在线互动答疑的及时、有效（SOL2）"和"期末小测对能力的提升和知识巩固有效（SOL5）"的影响相当，它们的荷载系数分别为 0.845、0.842 和 0.840；最后，"在线自我学习内容及时间安排合理（SOL1）"的作用相对较小，但其荷载系数也达到了 0.807。

上述五个影响因素较为显著地影响课程资源质量，但不希望有过多的课后作业、周测试、期末测试，甚至在线学习都需要及时提醒，这直接导致了课程资源的灵活性未能有效提高学生的积极性和师生互动效果。鉴于此，教师应积极地给学生阐述在线自我学习、作业、测试及互动答疑的重要性，若能增加这部分的学习成绩权重，可有效提高学习积极性。此外，应及时公布学生的成绩，让学生之间相互比较，促使学生更加努力学习。

五、研究结论及展望

在识别混合式教学下师生互动的关键影响因素和测量指标的基础上，提出混合式教学下师生互动提升的内在机理；以华侨大学土木工程和工程管理专业的学生为典型对象展开调研，拟合了混合式教学下师生互动的提升路径。

研究结果表明：①学生投入对师生互动的作用极其显著，其路径系数达到了 0.948；②学习的灵活性相对学习活动的科学性对学生投入的积极性作用显著；③教师投入积极性与网络协同平台产生了显著的双向影响，其荷载系数达到了 0.749；相对而言，"教师积极性→学习活动的科学性→学生投入→师生互动"路径对师生互动的影响较小。

综上所述，师生互动的关键还在于网络平台本身的优劣、学习的灵活性和学生本身投入的积极性；但是如何从课程资源角度去提升学习积极性和师生互动更为重要。虽然课程的翻转形式及效果对学习积极性、师生互动效果、学习满意度提升和学习能力提升产生一定的影响，但本研究尚未涉及；该项研究拟作为后续研究展开。

📚 参考文献

[1] 黄敏. 做教学的引导者和设计者——大学英语混合式教学应用过程中教师的定位与价值 [J]. 英语教师，2016，16（6）：21-23.

[2] 彭进，刘作凌. 混合式教学背景下地方高校教师角色的变革 [J]. 教育现代化，2018（27）：101-103.

[3] 胥欣华. SPOC 混合式教学模式下高校教师职能转变的探讨 [J]. 管理观察，2017（27）：131-132.

[4] 于深，任伟宁，张静. 混合式教学提升学生学习投入度的导学探索与实践 [J]. 人力资源管理，2017（5）：200-201.

[5] 谢茂森，张家录，文武. 基于网络学习空间的混合式教学模式下学生学习效果评价研究 [J]. 四川民族学院学报，2015（5）：101-108.

[6] 程琦，许琪，程斌武. 引入混合式教学理念 提升学生自主性学习能力——基于《网络营销》课程的探索 [J]. 人力资源管理，2018（5）：203-205.

[7] 张海鸿. 在线课程平台下的高职思政课混合式教学设计研究 [J]. 文学教育（上），2017（5）：114-117.

[8] 潘晨，马松林. 在线开放课程学生学习积极性提升研究——以中国大学 MOOC《国际贸易实务》为例 [J]. 高教学刊，2018（7）：14-16.

[9] 梁婉萍，钟小景，廖玉平，等. 基于微信公众平台辅助护理教学的

实证研究 [J]. 广东职业技术教育与研究, 2016 (3): 58 - 60.

[10] 袁晓维, 黄艳. 基于微信平台的微课教学资源设计与研究——以 "web 前端开发技术" 课程为例 [J]. 教育现代化, 2016 (30): 35 - 37.

[11] 柳瑞雪, 石长地, 孙众. 网络学习平台和移动学习平台协作学习效果比较研究——基于社会网络分析的视角 [J]. 中国远程教育, 2016 (11): 43 - 52.

[12] Chung C, Hwang G, Lal C. A review of experimental mobile learning research in 2010 - 2016 based on the activity theory framework [J]. Computers & Education, 2019, 129: 1 - 13.

[13] 曹萌. MOOCs 论坛中的学生提问及其与学习成绩、教师投入的关系 [D]. 华中师范大学, 2017: 10 - 24.

[14] 陆根书, 刘秀英. 常规和在线学习情景下学生投入特征及类型——基于西安交通大学大学生学习经历调查数据 [J]. 高等工程教育研究, 2017 (3): 129 - 136.

[15] 张紫屏. 师生互动教学的困境与出路 [J]. 教育发展研究, 2015 (6): 44 - 52.

[16] 黄少静. 沉浸理论视角下大学英语网络学习平台的构建研究 [J]. 教育评论, 2017 (5): 137 - 141.

华侨大学　土木工程学院

实验研究教学方法与运用探析

王惠娜①

摘　要： 实验研究法是社会科学研究的前沿方法。聚焦实验研究的因果推论原理，分析实验研究的教学方法与运用实践。实验研究教学方法包括基本原理和统计方法教学、实验研究设计教学。实验研究运用步骤包括样本随机分配环节、干预变量实施环节、结果测量和统计环节。

关键词： 实验研究；教学方法；运用实践

在国家治理现代化的大背景下，治理实践涌现出了一系列影响深远的治理实验，如自由贸易试验区、生态文明建设试验区、新医改等政策实验，为创新型政策的推广提供了实践性经验。政策实验为公共治理研究提供了最鲜活的、最丰富的社会实验样本，更为社会科学研究方法提出了新要求，实验研究方法将作为社会科学研究的新型研究范式，为总结我国治国理政经验、讲好中国故事提供方法论支持。实验方法是自然科学研究的

---

①　王惠娜，华侨大学政治与公共管理学院副教授，硕士生导师，管理学博士。

主流方法论,认为科学观点必须通过可复制重复观察加以验证。自然科学的实验研究思维渗透进社会科学研究中,逐渐在心理学、经济学、政治学等领域陆续展开。实验研究的因果推论逻辑提高了社会科学研究的严谨性和科学性,推动了社会科学科学化发展和公共治理实践的精准性。

一、实验研究的因果推论原理

实验研究的研究逻辑是建立在因果推论基础上,以反事实研究来验证变量之间的因果关系[1]。在反事实研究框架中,假设样本接受了实验干预,会产生接受干预时的可能结果。相反,如果样本不接受实验干预,也会产生不接受干预时的可能结果。两种结果的差额就是干预因素所产生的潜在结果。但现实生活中,一个样本只能有干预或不干预一种状态,例如上大学或者没有上大学,而无法跨域两种可能性,这就需要关注总体而非单个样本的潜在效应,因而需要将总体分为接受干预实验组和未接受干预的控制组,两组构成反事实比较组,两组的结果差额称为平均干预效应。统计学中的随机分配原理为科学设置实验组和控制组提供了技术支持,通过随机分配方法,总体样本被分配到实验组和控制组,形成高度平衡、等价、且可互换的反事实比较组,从而剔除混淆因素、不可观察因素对潜在结果的干扰。

实验研究法基于不同实验设计方法,具有多种类型,其中实验室实验、自然/准自然实验、调查实验、实地实验是最为常见的实验方法类型[2]。实验室实验最早运用于心理学研究,后运用于行为实验经济学和博弈论,通常采用计算机软件模拟实验情境,并加入相应的规则,让样本在规定情境和规则下做出应激行为。实验室实验可控性较强,具有较好的内部效应,但由于指定样本和规则抽象,外部效应较差。自然/准自然实验的实施条件较为宽松,是在观察性研究的基础上运用统计学计量方法将干预因素与效应之间的因果关系剥离出来,常用的统计方法有工具变量法、双重差分法、断点回归法等。准自然实验是基于设计的模式进行的，但依然面临着随机化和干预程序难题。调查实验法整合了问卷调查和实验干预的方法，将不同的干预内容设计成不同版本的问卷题目，让样本填答不同版本的问卷，从而形成不同的干预组。调查实验法以问卷为载体，实施成本较低，能适用的选题较为有限，多数运用于认知和态度的调查，较难运用于行为研究。

二、实验研究的教学方法

实验研究的教学方法分为两个步骤，第一步由教师讲授实验研究基本原理与统计方法，为实验研究确定理论基础。第二步由学生设计不同实验研究，将理论原理运用于研究设计中。两个步骤相辅相成，推动实验研究教学的发展。

（一）实验研究基本原理与统计方法教学

潜在结果模型是因果推理基本模型[3]，是实验研究的重要推理模型。实验研究最为关心的是干预原因是否引起了结果的变化，早期对此问题的解释主要通过哲学、逻辑学思辨的方式推进，并提出了因果关系的三条基本标准：第一，原因变量必须发生在结果变量之前；第二，原因变量和结果变量存在相关性；第三，原因变量与结果变量的关系不能被第三个变量解释。哲学思辨的方法为因果推论奠定了基础，但是该方法得出的因果结论更多是一种规律性总结与分析，而很难得到真正的因果结论。规律性结论提出了反事实推理，即如果干预事件发生，则结果事件也发生；相反，干预事件不发生，则结果事件也不会发生，那就可以判断干预事件就是结果事件的原因。概率论原理为事件发生和未发生提供了数理支持，将因果逻辑关系用数学语言更为严谨地表达出来，也推动了潜在结果模型的产生。潜在结果模型基于潜在结果和随机两个重要概念，以随机概率来计算每种潜在结果出现的可能性，统计学家鲁宾做出了重要的贡献[4]。

潜在结果模型的两个关键的概念，第一是随机分配规则，随机分配让总体样本能够无偏差地进入实验组和控制组，使得两组样本在干预前的基本情况一致，这样才能在剔除干扰因素的情况下客观地识别干预变量所产生的结果。第二是因果分析方法，通过对样本前测数据和后测数据的统计分析来估计结果的变化，例如用断点回归方法、双重差分法来识别结果差异，这个差异就是结果变化。由于使用了随机分配，结果变化变成一种潜在结果变化，推论模型也就成为潜在结果模型。反事实推论是在理论逻辑推理下的因果关系检验，潜在因果模型则是数学计算，会将因果推论转化为假设、命题、统计分析、结论的程序化过程，更清晰地展现因果推论过程。

实验研究运用到的统计方法主要有工具变量法、双重差分法、断点回归法等。工具变量法是解决内生性问题的有效方法，能更好地解决原因变量和因果变量的相互影响问题，并通过多阶段回归方法来逐一识别原因变量所产生的影响。断点回归方法是一种准自然实验，分析逻辑是假设存在一个连续变量，连续变量是一个分组变量，决定了样本落入断点两侧之间的概率，断点一侧是接受干预，另一侧是未接受干预，构成了准自然实验的实验组和控制组，并进一步运用参数估计或非参数估计的方法来计算断点局部的平均效应变化，具体方法可以采用局部线性回归和局部多项式回归。双重差分法的原理接近经典实验方法，将样本明确分为实验组和控制组，同时设置了实验前和实验后的时间虚拟变量，并以回归分析方法估计两组样本的差异，该差异则是干预所产生的潜在结果。双重差分法结合倾向值匹配法，能更好地解决样本随机分配问题，从而更好地控制解决样本分配的偏差问题。

（二）以研究问题为导向的实验研究设计

在完成实验研究理论教学的基础上，开展以研究问题为导向的实验研究设计教学。研究设计是研究逻辑与研究方案的综合体现，倡导以研究问题为导向的研究设计教学。第一步，要求学生观察各类社会现象和公共问题，并从中归纳出有理论价值和现实意义的研究问题。第二步，要求学生将研究问题放到学术研究史中，研读该领域的学术文献，并聚焦于对研究问题的已有研究和尚未分析议题，从而为自己研究问题搭建学术基础。从研究文献中梳理出核心概念，并建立理论框架。第三步，具体研究方法选择、论证与操作化。实验研究方法包含多种方法，不同方法具有不同的数据收集要求、数学模型和实施要求，并要求不同的统计方法，将关键变量操作化、确定数据来源和收集方法等。研究设计的宗旨在于解决该项研究如何实施，应将抽象的研究思路转化为可操作的具体研究步骤，以指导研究工作的开展。

三、实验研究的运用步骤

（一）样本随机分配环节

为了确保研究结果客观性，样本的随机分配是实验研究的首要要求，通过随机化样本分配，被试样本的各种特征都能得到无偏差的分配，以确保初始条件的相同性。样本随机分配可以采用不同的随机抽样方法，简单随机抽样、系统抽样、分层抽样、整群抽样具有不同的适用议题和操作要求，在现实研究过程中，分层抽样和整群抽样具有更为可行的操作过程。分层抽样将样本分为多个层，层构成一个新的抽样框，被随机抽中的层则作为样本进入不同的组。整群抽样在许多研究中被采用，例如从省—市—区县—街道—社区不断划分小群，最后以区县为抽样单位来随机抽取样本，进而随机分配到实验组和控制组。通过随机分配样本的原则，每个样本具有同等概率被分配到实验组和对照组，从而确保在干预之前，被试样本的特征无偏差。

（二）干预变量实施环节

样本随机分配是为了能够确保样本初始特征的同质性，干预实施环节则是对实验组和对照组的差别化干预，并观察干预之后所产生的结果差异[5]。在干预实施环节，首先需要对实验组和对照组进行前测，以建立后测数据的对比基础。第二步，需要构造实施干预的背景，并制定有效的、可信的干预变量和结果变量的测量方法，之后对样本实施干预刺激。干预实施过程实质是变量操纵的过程，当研究者对被试样本施加干预时，则是让样本接受不同的处理和安排，这些操纵和安排的关键在于如何恰如其分地创造出干预自变量来。实验室实验在实验室环境下对被试者施予干预，实验者能完全控制实验环境，例如从众实验。实地实验则是在现实自然环境中进行，实验者只能部分控制实验环境，例如政策试点。准实验的环境控制能力更差些，仅能控制部分变量。在干预环节，实验者和实验对象可能知道或不知道被施加干预，双盲实验要求实验者和实验对象都不知道正在实施干预，仅仅由第三方实施刺激和测量数据，单盲实验则是实验者知道干预情况，而实验对象不知道。第三步，对干预后的样本进行后测。在干预实施环节，干预变量的选择需要从理论假设中推导产生，充分考虑研究概念和原因本身的内在关系。

（三）结果测量与统计环节

结果测量环节实质也是样本结果变化的测量，主要是对结果变量和控制变量进行科学测量。在社会科学研究中，对相同变量的测量方法往往多种多样，并没有统一的测量指标，例如对态度、满意度的测量，实验人员往往从自己的研究角度来设计测量指标。结果测量可以分为态度测量和行为测量，这两者的测量可以采用被试者自我报告或者实验者观察得出。自我报告的测量方法较容易让实验对象产生自我映射效用，导致主观性偏差，态度测量多数采用自我报告方式。实验者观察多数运用在行为测量，需要研究者客观地记录实验对象行为的变化。结果测量需要依赖于前测和后测的数据比较才能计算出来，实验室实验可以较为准确地测量出这两个的变化，但准实验则较难实施，需要依赖于复杂的统计方法来分析出前测和后测数据。在结果测量与分析中，大量的统计方法如断点回归方法、双重差分法等都运用在数据的测量和分析中，从而科学地识别出干预变量对结果变量的影响。

参考文献

[1] 王思琦. 公共管理与政策研究中的实地实验：因果推断与影响评估的视角 [J]. 公共行政评论，2018（1）：87－107.

[2] 孟天广. 从因果效应到因果机制：实验政治学的中国路径 [J]. 探索，2017（5）：30－38.

[3] 李文钊. 因果推理中的潜在结果模型：起源、逻辑与意蕴 [J]. 公共行政评论，2018（1）：124－149.

[4] Rubin, D. B. Causal Inference Using Potential Outcomes [J]. Journal of the American Statistical Association, 2005, 100 (469)：322－331.

[5] 风笑天. 社会研究方法 [M]. 中国人民大学出版社，2018：167.

华侨大学　政治与公共管理学院

燃烧理论视域下的
高校专业课程教学路径研究[①]

田洁玫

摘 要：专业课程教学对于高等教育成效意义重大。将"激情教学法"与"社会燃烧理论"相融合，综合运用国内外教学策略原理方法，探索燃烧理论视域下的高校专业课程教学路径。具体分析"燃烧物""助燃剂""着火点""燃烧产物"的作用机理，并基于学生和教师两个层面进行教学路径思考，进一步探讨师生和谐教学氛围的生成。路径的研究有助于教师帮助学生更好地掌握专业课程知识、激发学生的专业课程学习热情。

关键词：燃烧理论；高校；专业课程；教学路径

专业课程是高等院校根据特定专业培养目标所开设的、传授专业性知识和专门性技能的课程。专业课程对于高校学生具有重要意义，其是当代大学生掌握必要专业基础理论、专业知识和专业技能，了解本专业领域内前沿科技和发展趋势，培养分析解决本专业业务范围内实际问题能力的课

---

① 基金项目：华侨大学教师教学发展改革项目（项目编号：19JF – JXGZ30）。

程。改革开放 40 余年来，我国高等教育已取得显著成效，教育规模不断扩大，教育教学质量不断提高[1]。高校的专业课程教学是稳定高等教育成果的重要基石，因此有必要对专业课程的教学路径进行探究与思考。

一、燃烧理论来源介绍

燃烧理论有外部构架与内在要素两个部分：外部构架主要来源于"激情教学法"与"社会燃烧理论"；内在要素主要运用苏珊·A·安布罗斯、B·A·苏霍姆林斯基等国内外教育教学专家的教育理论和教育思想。基于燃烧理论视域可以构筑出高校专业课程教学路径体系。

（一）外部构架来源

所谓"激情教学法"，是在特定教育教学环境氛围中，自然而然形成的、师生共同营造的、能够维持一段时间的、充满愉快和谐兴奋的教学形态，其中：教师正面积极的教育情感是激情的来源、教育的出发点；教师充分饱满的教学信心是激情的基础、教育的基本盘；师生之间有效的教学互动是激情的延伸、教育的触发点[2]。这种教学方式方法能够通过教师的引导，提升学生的学习热情，满足学生的学习情感。将"激情教学法"运用于高校专业课程教学中，能天然地引发年轻学生的学习激情，教师正面而有效的鼓励引导可以帮助学生增强理解，掌握具有一定难度专业理论知识的自信心，从而达到教育的过程方法、知识能力、情感态度价值观"三位一体"要求。

"社会燃烧理论"是运用化学与物理学原理进行社会学研究而产生的理论，主要模拟自然环境中存在的燃烧现象，提出在社会运行发展中也存在类似自然界中燃烧的现象，并且社会现象的过程与燃烧反应过程具有相似性。基于该理论，"社会燃烧"需要三项要素："燃烧物、助燃剂、着火点"，通过燃烧反应会产生最终的"燃烧产物"[3]。教学是一种社会活动，因而"社会燃烧理论"可以很好地运用到高校专业课程教学上来，其中："燃烧物"是开启专业课程教学活动的原始动力；"助燃剂"是优化专业课程教学体验的主要原因；"着火点"是激发专业课程教学效果的根本力量；"燃烧产物"是最终的专业课程教学成果与反馈。

（二）内在要素来源

根据美国学者苏珊·A·安布罗斯提出的教学原理，学生前期获得的已有知识对教育教学具有强烈的影响作用，恰当的激发学生充分而准确的已有知识，可以为新知识的获取奠定基础[4]。同时，学生的知识组织方法会影响其对学习方法的认知与知识的运用，若组织方式过于随机，则不利于后期对知识的提取、加工与运用。很多因素都会对学生的学习产生激励作用，而激励的结果是对学习的更好把握，例如：强烈的学习动机对学习活动具有指引和维持作用、明确的学习目标对学习活动具有积极的价值引领作用。在学习过程中可能存在"共鸣"现象，也即学生的学习与课堂的氛围相融合，在积极明快的课堂气氛中学习效果激增。为了使学习运用达到精确熟练要求，一些必要的练习与实践不可或缺，经由练习与实践，学生相对独立地执行学习任务，在此过程中通过将知识进行整合可以达到对知识理解的突破。"授之以鱼不如授之以渔"，教学的目标并不在于传授知识的多寡，而在于学生是否能够获得自主学习的能力。通过教学路径过程的推进，学生了解明晰学习流程、能够运用学习方法、自主获取知识与能力、完成情感态度价值观的提升，这样教学目标才能够真正实现。

根据美国教育学家肯·贝恩的论述：卓越的教师需要理解学生的学习过往，掌握学生前期所知；完善学生的知识构建，帮助学生组织知识；刺激学生的学习动机，激励学生正向情感；创造有效的学习环境，既有批判又有接纳;考察学生的学习效果,通过组队或争论形式、帮助学生进行正确评估,明确自己对知识的需求[5]。苏联著名教育家 B·A·苏霍姆林斯基则明确指出教师对学生的引导作用:教师要激发学生对知识的渴望,让学生带着高涨的激动情绪获取真理;教师需要给学生提供轻松的学习环境,不要发号施令;社会实践活动对于知识的理解与掌握具有不可替代的作用[6]。

二、路径模型体系构建

综合运用"激情教学法"与"社会燃烧理论"的理论构架,提炼总结教育专家的教育理论内涵,形成燃烧理论视域下的高校专业课程教学路径。该路径强调将"激情教学法"贯穿专业课程教学始终,依托于"社会燃烧理论"的基本构架,将教育理念纳入框架内核,构建相应路径模型体系,具体内容如图 1 所示。

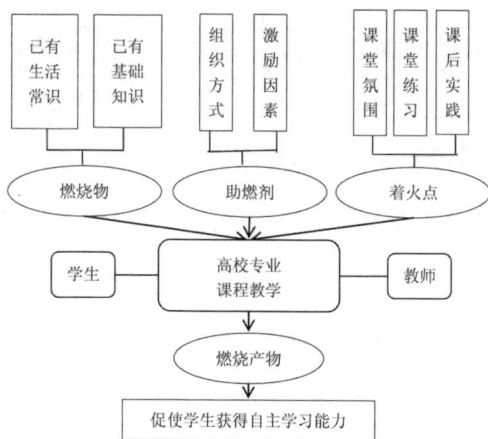

图1　燃烧理论视域下的高校专业课程教学路径模型图

三、专业课程教学路径分析

运用燃烧理论视域下的高校专业课程教学路径模型,结合高校专业授课的实际情况，可从"燃烧物""助燃剂""着火点""燃烧产物"四个层面展开分析，论述路径模型的内涵与扩展。

（一）燃烧物

"燃烧物"是燃烧的必备基础，在燃烧理论视域下的高校专业课程教学路径模型中，"燃烧物"包括已有生活常识与已有基础知识。其中，已有生活常识指对于专业课程学习具有触发、类比、联想等效果的常识类知识、信念、态度；已有基础知识指对于专业课学习具有铺垫、积累、延伸等作用的公共课理论与基础课知识。已有常识与知识对于新知识的学习能够起到"粘合"作用，类似燃烧过程，通过对"燃烧物"的焚化分解，能够达到获取并巩固专业课程知识的目标。

为了教学效果的实现，高校专业课程授课过程需要师生共同努力。高校学生在学习专业课程时必须充分调动已存在于脑中的知识储备，运用主观能动性做好准备积极迎接新知识；教师在授课过程中也需要"因材施教"，面对初次接触专业课程的高校学生要尽量实现施教内容的"接地气"，充分发挥学生已有知识常识的作用。

在面向高校学生的专业课程教学过程中，可将一些书本中的例子换做具有高校当地特色的实际例子。这样一方面更便于"激情教学法"的代入，熟悉的词汇更容易提升学生的学习自信心；另一方面，由此进行的专业课授课更有利于激活学生已有生活常识和前期所学的基础知识。

（二）助燃剂

"助燃剂"是燃烧的必要辅助，在燃烧理论视域下的高校专业课程教学路径模型中，"助燃剂"包括组织方式与激励因素。学生组织知识的方式会影响其学习方式并进而影响对于知识的运用，当学生在老师的引导下能够自然地把各种知识联系起来，同时这种联系能够构成准确而有意义的知识结的时候，学生对于知识的提取和运用将会变得充分有效。激励因素重要的"助燃效果"不言而喻，寻找学生的学习动机，通过外在激发因素触发学生内在的学习动力，就能够使学生的学习行为更加主动和高效。与燃烧过程相似，通过组织方式与激励因素的共同"助燃"，"燃烧物"的焚化分解将会更加具象细致，从而推动专业课程教学目标的达成。

在高校专业课程授课过程中，组织方式与激励因素不能单纯依靠学生自主生成，教师要想方设法地将学生的知识组织方式置于课程教学结构中去，运用富有"激情"的教学组织方式帮助学生形成知识结。并且帮助学生了解只有经历学习过程中的困难，才能获得更多知识和褒奖，而只有克服困难所获得的激励才能给人带来充分满足的快乐。

在面向高校学生的专业课程教学过程中，授课的中期和末期可以积极开展学生的课堂陈述，鼓励学生回顾所学的专业课程知识，分享学习感受并回答"记忆最深刻的一个知识点"，借此完成专业课程知识梳理，并对每位学生的发言予以鼓励，当学生完成发言，其学习信心也将同时激增。

（三）着火点

"着火点"是燃烧的关键时刻，在燃烧理论视域下的高校专业课程教学路径模型中，"着火点"包括课堂氛围、课堂练习和课后实践。当学生感到教师在试图控制他们的时候，其学习激情会下降，因此教育要隐藏在友好和无拘束的相互关系氛围中，才有助于推动学生对知识的内化。为了使学习达到一定水平的成果，学生需要进行必要的课堂练习与课后实践，通过这些练习与实践能使学生在实际操作中加强对专业知识的理解与整合，并让学生在此过程中意识到自己智慧的力量，知识的闪光。

专业知识的最终取得是一个由量变到质变的过程，如"着火"看似是瞬间的事情，然而要达到"着火点"却需要前期"燃烧物"与"助燃剂"的长期积累。同时，"着火点"发生的时刻也具有不可确定性。学生在学习了相关专业知识之后，可能在课堂的愉快氛围中顿悟，也可能在课堂练习中回味明确，更可能通过课后实践，乃至于在毕业之后的工作实践中最终习得。教师需要通过课堂教学在学生的专业知识体系中埋下种子、种下火苗，静待花开、静待燃烧。

在面向高校学生的专业课程教学过程中，对于相关知识点讲授完毕后，指导学生进行课堂练习，并确保对每位学生的课堂练习作业进行检查，通过对具体学生具体问题的具体解答，伴随反馈的练习最终可以点燃学生对专业课程知识的掌控能力。

（四）燃烧产物

"燃烧产物"是燃烧的最终结果，在燃烧理论视域下的高校专业课程教学路径模型中，"燃烧产物"即最终促使学生获得自主学习能力。要促成学生成为自主学习者，需要培养学生的学习过程意识，帮助学生开展正确的自我评价，提醒学生规划自我的学习方式方法，让学生通过反思形成良好的学习习惯，最终切实提升自身专业课程学习效果。

对高校学生的专业课程教学，不应该以完成课程考试为终结，相反的，应以本门课程的终结为起点，重新形成新的学习路径闭环。积极引导学生通过完整的课堂教学，思考教学过程；通过专业课程学习，评估自己的优势与劣势；进而找出适合自己的自主学习途径，反思当前专业学习的进展程度；培养富有活力的自主学习能力，并将该种技能充分运用到之后的专业学习中去。

在面向高校学生的专业课程教学终结前，通过带领学生进行课程的复习总结，向学生说明教学路径的过程，并对下学期相关专业课程情况做相应拓展，明确专业课程的承接关系，推动学生下一轮专业课程的自主学习。

四、专业课程教学路径思考

燃烧理论视域下的高校专业课程教学路径模型对于教学实践具有指导意义，主要可以基于学生角度与教师角度两个层面思考。并可进一步探讨在此路径过程中，如何创造出师生和谐的教学氛围。

（一）基于学生角度的思考

高校学生对于专业课的学习过程需要教师帮助，但更需要教师的引导。当学生发现自己对专业知识不懂的东西越多，其求知愿望就会越强烈，要让学生认识到：学习并不是教师对学生做什么，而是学生自己做什么；充分转换课堂角色定位，以服务学生的需求为指引。让学生了解教育、懂得教育，是有益无害的；也只有引导学生从专业课程学习中学会自我教育，才能保障"燃烧产物"——学生自主学习能力的实现。知识就是工具、知识就是力量，无论是课堂练习或者是课后实践，让学生在过程中体验到自己的学习成就，这件事本身就是激发学生学习激情的源泉。

（二）基于教师角度的思考

面向高校学生进行专业课程教学对教师有较高要求。一方面，要求教师具有过硬的专业课程基础知识：教师面临的最大危险在于他们智力的空虚，没有精神财富方面的储备；高校教师在为学生讲授专业课程之前，要掌握充足的专业课程知识，由此才能够保证有效的教学输出。另一方面，要求教师具有灵活的专业课程授课实践：学习主要来源于学生的意识与行为，教师只有通过影响学生对学习所做的事情才能促进学生学习；实现对学生而言有趣的专业课程讲授是高校教师的终极追求，只有由兴趣引发的学习激情才能保证学生长期持续稳定的专业课程学习。

（三）创造师生和谐氛围

师生和谐的课堂氛围是教学过程顺利推进的保障，而通过分析燃烧理论视域下的高校专业课程教学路径，可以发现师生在专业课程中具有同步性和联动性，路径模型的每一个环节都需要师生共同努力。通过本文研究，期望能够实现：教师捧着一颗心来，用自己的教学激情点燃课堂，从而换回学生在求学路上的不断攀登。

参考文献

[1] 钟晓敏. 新时代高等教育高质量发展论析 ［J］. 中国高教研究，2020（5）：90 - 94.

[2] 赵兴奎. 激情教学：涵义、意义与途径 ［J］. 当代教育科学，2018（10）：8 - 11.

[3] 牛文元. 社会物理学与中国社会稳定预警系统 ［J］. 中国科学院院刊，2001（01）：15 - 20.

[4] 苏珊·A·安布罗斯等. 聪明教学 7 原理：基于学习科学的教学策略 ［M］. 庞维国等译. 上海：华东师大出版社，2012：7 - 10.

[5] 肯·贝恩. 如何成为卓越的大学教师 ［M］. 明廷雄，等. 译. 北京：北京大学出版社，2018：165 - 168.

[6] B·A·苏霍姆林斯. 给教师的建议 ［M］. 周蕖，等. 译. 武汉：长江文艺出版社，2014：44 - 46.

华侨大学　政治与公共管理学院

关于概率论与数理统计教学改革的研究[①]

皮定恒

摘 要： 研究分析当前概率论与数理统计课程教学中存在的问题，并指出出现这些问题的原因。结合教学实践和因材施教原则，阐述了对该课程进行教学改革的必要性。为了解决该课程教学中存在的问题，达到提高教学效果的目的，提出应在教学过程中注意知识点的衔接，丰富教学方法，调动学生学习的主观能动性，加强数学文化和数学美学教育。

关键词： 概率论与数理统计；教学改革；知识衔接；数学文化

概率论是 20 世纪发展最迅速、成果最辉煌的数学学科之一。概率论可以追溯到 16 世纪因赌博而提出的分赌本问题，这里体现着数学期望的思想，到 19 世纪概率论已经初具规模。20 世纪初，英国数学家费舍尔使用

① 基金项目：国家自然科学基金面上项目（项目编号：11671040）。

概率论发展了数理统计[1]。

现今大学本科生学习的概率论与数理统计是研究随机现象及其统计规律的一门数学学科。它不仅具有严密的科学体系，还具有广泛的应用背景[2]。这门课程也是很多后续专业课程的基础，可见该课程的重要性。概率论与数理统计课程主要由两部分内容构成，即，概率论与统计。概率论主要是以高等数学尤其是微积分为工具，融合代数、几何思想去研究随机现象。统计则主要是利用概率论作为理论基础，结合数学软件分析数据，进行统计推断和决策等等[3,4]。目前很多学生反映虽然学习该课程时能够套用公式去进行计算，但是对于重要的概念、知识点还不能做到深入理解。因此，教师在有限的课堂教学时间内，需满足不同专业本科生对概率论与数理统计的理论及应用的要求，在学生掌握基本思想方法的同时，帮助学生抓住重点、突破难点，提高学生的学习效果。作者多年来一直在概率论与数理统计教学一线工作，了解概率论与数理统计教学中存在的一些突出问题。

一、目前教学中存在的问题

1. 知识点衔接不好

近年来，一些原先在大学学习的数学知识已经下放到高中数学中。人民教育出版社出版的高中数学必修教材和配套的选修教材[5]已经包含了本科阶段学习的概率论与数理统计的一些内容。例如：概率的统计性定义、频率、古典概型、几何概型、随机变量及其分布、期望、方差、随机抽样、用样本估计总体等。高中数学教材里的相关定义主要是描述性的方式，并没有从数学上严格定义。如概率是反应事件发生可能性的大小，是频率的稳定值，期望是均值等。

高中教材里面关于导数、积分也只是作了简单介绍，在概率统计这部分内容里基本没使用导数、积分。但在本科的概率论与数理统计中，加入大量的高等数学中导数、定积分、二重积分的计算。这些内容也是高等数学中的重点内容和难点内容[3]。

2. 学生的数学基础参差不齐

目前，大学本科专业一般都是面向全国各省招生。各省的数学教学水平存在差异，加之学生个体的学习情况不同，学生的数学基础自然也会存在差异。另一方面，有些本科专业招生是文科生和理科生兼招，因此数学基础差异较大。比如，一些文科的学生甚至没有学过排列组合，这导致他们在学习等可能概型的知识时觉得很困难，无法正确计算出等可能概型中随机事件的概率。理科的学生则在高中时就学过相关内容。学生的数学基础参差不齐也给教师进行教学带来了一定的困难。

3. 例子针对性不强

概率论与数理统计课是大学的数学公共基础课，面对的是各种专业的学生，可是在教学内容、教材选择、习题处理上采取的方法几乎是一样的，没有专业特色。课程结束后往往采取很多专业统一考试的形式，造成了"课上讲的，专业上用不着；专业上急需的，课上又没学"的尴尬[6]。

教材上的例题比较陈旧，而且与专业的结合性不好，教材上的例题过于侧重数学计算和推导，让学生感觉难度较大、枯燥乏味。总体给人的感觉是，概率论与数理统计就是一门纯粹的数学课，与科学研究、生产实践的距离较远。

4. 学生的学习兴趣不高

概率论与数理统计不仅能解决生活中的一些问题，更在金融、工程等多个领域有着广泛的应用。然而我们在教学中却发现部分学生比较迷茫，不知道学这门课程有什么用，学生的学习兴趣不高。在与学生的交流中，我们发现部分学生在上课前基本上没有预习，课后也不复习。课堂上一些学生的学习态度不够端正，不认真听讲，还可以看到一些学生打瞌睡，低头玩手机。对于课堂上老师的提问，只有少部分学生积极回应。甚至于一些学生不认真完成作业，即便交上来作业，也存在抄袭。

二、存在问题的原因分析

1. 大多数高中生的抽象思维能力还存在不足，所以高中数学教材中的概率论与数理统计的知识主要采用描述和图像等比较直观的表达方式。这样安排教学内容，能让中学生更好地接受这些知识点。而大学教材中概率论与数理统计的知识则比较抽象，需要较高的抽象思维能力。这意味着中学的学习与大学的学习存在一定的差异。这也导致很多中学生刚进入大学时，由于思维习惯不能及时转换，在学习上不能很好地适应大学的学习。因此需要教师帮助学生实现从中学的知识到大学知识的过渡以及从中学的思维习惯到大学的思维习惯的过渡。

2. 目前，有些省高考时采用全国 I 卷，有些是全国 II 卷，有些是全国 III 卷。全国各地高中选择的数学教材不同，高考时对数学的要求不同，各省的教学水平本身也存在差异，造成各地的教学内容和教学深度都不一样，导致学生的数学基础存在差异。另外，部分本科专业招生时，文科生、理科生兼招也是造成学生的数学基础存在差异的原因。

3. 大多数高校都是把概率论与数理统计作为一门公共数学课，所以要兼顾大多数专业需要，这样就导致了教材上的内容比较侧重于数学基础和数学思维的训练，一些例子也是侧重于数学上的证明和计算，而与专业课的结合不够紧密。既然概率论与数理统计这门课程在金融、工程等多个领域有着广泛的应用，为何不能选择一些适当的例题以提高学生的学习兴趣？

4. 一些学生对这门课程的学习兴趣不高主要是因为他们对概率论与

数理统计这门课程的重要性了解得还不够。有人说："买菜时用不到高等数学，但是高等数学能决定你在哪里买菜。"实际上，概率论与数理统计是很多专业课程的基础课，后续很多课程都会用到这门课程的基本概念和研究问题的方法。它还能够解决生活中的一些问题，比如抓阄的公平性，买彩票的中奖率等。此外，由于教材上主要是数学概念和数学公式的计算、推导，学生觉得枯燥乏味。此外，一些学生对自己要求不高，学习态度不够端正。这些都是学生学习这门课程时兴趣不高的原因。

鉴于概率论与数理统计课程在教学中存着的这些问题，对这门课程进行教学改革已经迫在眉睫。

三、教学改革的相关对策

针对当前该课程教学中存在的一些问题，我们提出如下对策，希望能解决这些问题。

1. 合理安排教学内容，因材施教，注意知识点的衔接

首先，教师应注意大学相关知识点与高中相关知识点的衔接。对于不同基础的学生尽量做到因材施教，补充一些基础知识，让学生的后续学习更加顺利。比如，在等可能概型问题中经常要用到排列组合的知识，但是一些学生在中学没有学过，所以教师还得在课堂上补充排列组合的知识以及乘法原理和加法原理等。另外，为了避免学生对中学时代已经学过的内容产生轻视心理，教师需熟悉高中相关课程知识，减少简单重复内容的教学，注意和中学教学内容的对接。教学时可以高中教材的一些典型例题入手导入新课，将高中数学的一些内容与大学内容进行适当对比，提醒学生及时发现本科教学与高中教学的巨大差异并适应本科教学。教师应提醒学生在学习概率、随机变量、期望等非常重要的定义时，要从中学时代那些描述性的定义转变为深刻理解数学意义上的严格定义，提高学生的理论化

描述能力和抽象思维能力，以及对重要公式的深刻理解程度，提高学生学习的广度和深度。

其次，教师应做好该课程与后续课程的衔接。专业培养是一个有机的整体，专业课程的设置也是一个系统工程，需要很多课程的任课教师来共同完成。任课教师只有全面了解本专业课程的设置，才能说清楚本课程的重要性，学生才能对这门课程更加重视，这也是端正学生学习态度的一个很好的方法。教师在进行课程教学时应该根据各专业对概率论与数理统计内容的要求进行合理取舍。比如，对经济、管理类的学生，教师需要重点讲清楚概率论的知识，数理统计部分的内容可以少讲一些，其主要内容可在后续的应用统计学课程中习得。

又如，对于经济类专业的学生来讲，他们在计量经济学课程中会用到相关系数、协方差矩阵等很多概率知识，而在概率论与数理统计的教学大纲中这一部分内容要求较少，为避免学生在学习后续课程时遇到困难，需要补充完善相关概率知识的学习。

2. 选择适当的例子，用浅显易懂的方式去讲解知识点

在讲概念和定理、公式时，教师可以选择有其专业特色的积极有效的案例，结合一些图形、表格，既可以加深学生对随机思想与统计观念的理解，培养学生运用知识分析问题和解决问题的能力，又能激发学生的学习热情。例如讲随机变量的分布函数，连续型随机变量的概率问题，边缘分布等都可以画图来进行辅助讲解。

在介绍贝叶斯公式时，针对经管类专业，引入贝叶斯公式应用在风险投资中的例子。这样能使学生真正理解概率论中许多理论与他们的专业知识密切相关。再比如讲数学期望时，文献［3］中93页的例题5讲到了检查疾病时的抽血化验问题。该例题指出在进行血液化验时，如果进行分组化验会减少化验的次数。2020年初爆发的新冠肺炎疫情引起了广泛的关

注。五月份武汉市进行了全民核酸检测，武汉市 1000 多万人在 10 天就检测完毕，正是采用了将 5 人或者 10 人的咽拭子标本进行混合检验，大大地提高了检测的效率。可见数学在生活中确实存在着广泛应用。这样的例子肯定比直接讲一个数学问题，更能引起学生的兴趣。这些问题一方面可以扩大学生的知识面，另一方面也会让学生深刻体会概率论与数理统计的实际用途。

3. 加强数学文化和数学美学教育

概率论与数理统计作为有着数百年历史的一门学科，它是如何发展到现在的？目前还有哪些问题没有解决？课程教学过程中，结合学科发展历史，介绍相关数学家的故事以及相关问题的研究背景和研究现状，以吸引学生的学习兴趣。例如，给学生介绍帕斯卡和费马当年讨论过的"分赌本问题"，提出这个问题中蕴含着的数学期望思想。又如，介绍 1809 年高斯提出的正态分布。正态分布是概率论与数理统计里非常重要的一个分布。随机现象的数学虽然有很长的历史，但是一直没有严格的数学基础，它被称为"偶然性的王国"。柯尔莫哥洛夫提出了概率的公理化定义，让概率有了严格的数学基础。辛钦在独立的随机变量序列的极限理论上做出了重要的贡献，也就是现在的大数定理。这些数学家的故事丰富了教学内容，让学生体会到了数学文化的魅力，有助于提高学生学习该课程的积极性。

统计学的历史可以说和人类的历史一样长。人口、财富等很多问题的研究都要用到统计学，但是使用数学方法研究统计学规律则是近代的事情。到了 19 世纪 20 年代，费舍尔首创了假设检验理论，奈曼和皮尔逊在 1933 年发表了关于假设检验的论文，对费舍尔的工作进行了有益的补充[7]。比如讲 t 分布时，作者指出这个分布又称为 Student 分布，是一位叫 Gosset 的人提出来的，当时他是用 Student 作为笔名于 1908 年发表论文 "The probable error of a mean"，提供了 t 检验的基础，t 检验也是假设检验里面非常重要的一类检验问题。

通过给学生介绍数学文化，能够让学生全面了解课程的发展历史，知道相关问题的发现和解决的方法，让课程变得有血有肉、生动形象。还能让学生更加深刻地认识这门学科，并明白数学家们在学习和研究中也不是一帆风顺的，这有利于培养学生在学习中不怕困难和解决问题的能力。也对他们学好这门课程，甚至于对他们今后的学习和工作都有好处。

该课程中有一些例子体现了数学是很美的。英国著名哲学家罗素说过："数学，如果正确地看待它不但拥有真理，而且也具有至高的美。"

例 1[8] 随机变量 (X,Y) 服从二维正态分布 N $(0,0;1,1,0)$，求概率 P $\{X>Y\}$。

解法 1. 由题意已知 $X \sim Y\ (0,1)$，$Y \sim N\ (0,1)$，且 X，Y 相互独立。则：$X-Y \sim N\ (0,2)$

于是可得：$\dfrac{X-Y-0}{\sqrt{2}} \sim N(0,1)$

所以 $P\{X>Y\} = P\{X-Y>0\} = \left\{\dfrac{X-Y-0}{\sqrt{2}} > \dfrac{0}{\sqrt{2}}\right\} = 1-\Phi(0) = \dfrac{1}{2}$

解法 2. 此二维正态分布的概率密度 $f\ (x,y)$ 在直角坐标平面中关于原点 $(0,0)$ 对称，所以根据对称性得：

$$P\{X>Y\} = \iint\limits_{x>y} f(x,y)dxdy = \iint\limits_{x<y} f(x,y)dxdy = P\{X<Y\}$$

而 $P\{X<Y\} + P\{X>Y\} = 1$，$\therefore P\{X>Y\} = \dfrac{1}{2}$

在教学过程中，有些题目可采用一题多解，以开阔学生的思路。对比不同的解题方法，能让学生更好地掌握这些结题方法，并欣赏到数学中的"对称美"。

4. 整合多种教学方式，调动学生学习的主观能动性

以前教师在教室里上课，主要是在黑板上板书，有些教师会采用与

PPT 相结合的方式进行教学。近年来，网上教学开始流行起来。例如：教师和学生可以借助于雨课堂、慕课等学习平台进行教学和学习。网上有大量的优质视频课程可供教师和学生参考。随着新冠疫情爆发，国内很多高校都采用了网上教学的方式，如钉钉、学习通、Zoom 等 APP 也可以供教学使用。腾讯也开发了分享屏幕、群课堂等功能以及腾讯会议来辅助线上教学。教师可以用这些软件给学生讲课，与学生互动，课后还可以用这些软件给学生进行答疑、辅导。教学时，教师可以采用问题导入式、启发式和研讨式等多种教学方法，让学生积极地参与到教学中来，提高学生学习的主观能动性，最终达到提高学生学习效果的目的。

四、结束语

通过研究概率论与数理统计课程教学，分析了教学中存在的问题及其原因。针对一些突出问题，提出教学改革的建议。教学时应注意因材施教，加强知识点的衔接；讲解难点时应结合直观图形，用学生易于接受的语言帮助学生更好地理解相关内容；在教学过程中应介绍相关的数学文化，进行数学美学教育；结合多种网上教学资源，丰富教学手段，让学生积极参与到教学活动中来，以提高学生的学习兴趣，调动学生学习的主观能动性，最终达到提高教学效果的目的。

参考文献

[1] 张奠宙. 二十世纪数学经纬 [M]. 华东师范大学出版社，2002：305－311.

[2] 李贺. 概率论与数理统计课程教学改革探索 [J]. 安徽工业大学学报（社会科学版），2019，36（4）：80－81.

[3] 盛骤，谢式千，潘承毅，等. 概率论与数理统计（第四版）[M]. 北京：高等教育出版社，2008：1-2，93-94.

[4] 吴传生，编. 概率论与数理统计（第二版）[M]. 北京：高等教育出版社，2009：133-134.

[5] 人民教育出版社课程教材研究所. 普通高中课程标准实验教科书——数学 [M]. 人民教育出版社，2007：112-130.

[6] 薛冬梅，刘巍. 工科《概率论与数理统计》课程教学现状分析及对策研究 [J]. 吉林化工学院学报，2014，31（10）：60-62.

[7] 杨文霞，何朗，刘扬. 新工科背景下工程数学课程群教学改革与实践 [J]. 大学教育，2020（1）：25-27.

[8] 张燕. 关于在概率统计课程中改进教学方法的若干思考 [J]. 大学数学，2012，28（6）：5-9.

华侨大学　数学科学学院

艺术设计类专业硕士课程案例库的建设与应用①

陈 清 赵 洋

摘 要： 课程案例库的建设能有效地促进当下艺术类课程教学优质资源的共享，而以优秀案例进行教学，能有效快速地促使学生跨越设计理论知识与设计实践的鸿沟，充分发挥学生主体地位、自主思维，激发学习兴趣。因此，以课程内容为导向来构建教学案例库显得尤为关键。具体阐述艺术设计类专业课程案例库的内容建设与教学应用，从案例挑选、内容框架以及相关教学应用等方面进行论述，说明其重要性以及对艺术设计类专业硕士教育教学效果的影响。

关键词： 艺术设计类；专业硕士；案例库；建设应用

案例教学法是一种互动式、开放式的教学方法[1]，主要强调实战、互动、参与等。艺术设计类专业硕士以培养具有系统专业知识和高水平艺术

---

① 基金项目：华侨大学研究生教育教学改革研究专业学位课程案例库项目（项目编号：18YJG26）。

创作技能的高层次、应用型专门人才为目标，在课程教学中以案例为基础，通过呈现案例情境，将理论与实践紧密结合，能有效快速地促使学生跨越设计理论知识与设计实践的鸿沟，对激发学生的学习兴趣和提高课堂教学效果起着重要的作用。

一、艺术设计类专业硕士课程案例库构建现状

课程教学案例库的构建是完成案例教学工作的一个重要环节。艺术设计类专业硕士课程案例库构建必须先搞明白以下相关问题。

其一，必须了解案例库最终的目标对象，即目前艺术设计专业硕士生源的本科专业背景情况。其二，必须了解目前案例库建设存在的问题与不足之处。其三，必须了解案例库在教学上的应用情况。只有充分了解相关情况才能更好地有针对性地进行艺术设计类专业硕士的案例库建设以及更合理地运用案例库进行教学，以便取得最好的教学效果。

艺术设计专业硕士生近年来逐渐走向多学科本科专业背景，但大部分硕士生本科与硕士专业背景相同，都是学习艺术设计类专业。这些情况对于艺术设计类专业硕士的教学来说有利有弊，同样是艺术设计类专业硕士案例库建设应考虑的重要情况。

而就目前来看，我国艺术设计专业硕士案例库主要存在以下问题：案例少且缺乏行业背景依托，部分案例脱离实际；案例缺乏设计者现身说法，致使有效性不够理想；专业硕士本科专业背景不一，个体教学效果存在差异。

（一）案例少且缺乏行业背景依托，部分案例脱离实际

案例教学法是注重模拟或重现现实场景，让学生将自己纳入案例中，通过研讨来进行学习的方法[2]。在艺术设计类专业硕士课堂教学中，由于

学科特点，教师多以图例法进行教学，常运用多媒体手段展示优秀设计作品，并凭借自己的理解配合图例进行分析解说，帮助学生领会学习设计理论、设计思路、设计手法等相关内容。教学上真正使用案例库进行案例教学的教师并不常见，究其原因不难看出问题在于高校艺术设计类专业硕士课程案例少，案例库尚处于建设阶段。

当下，虽然部分高校已建设相关案例库，但缺乏资源共享，任课教师难以获得适合课程教学内容的优秀案例。有部分的案例则为艺术设计类专业教师或学生以自己的实战项目或社会实践作为资源所构建，缺乏行业背景依托，案例脱离实际，客观真实性不强。

（二）案例缺乏设计者现身说法，致使有效性不够理想

来源于实际项目的案例，由于地域、工作、经费等各种现实问题的存在，使得案例设计者参与课堂教学现身说法变得不切实际，在一定程度上导致案例的课程教学效果受到影响。比如《中华传统视觉符号设计案例库》的案例建设，主要服务于《中华传统视觉符号研究》课程，以专业设计师的获奖作品、实际落地项目以及学生优秀设计作品为主。限于调研阶段中存在的诸多客观因素，无法做到每个案例在课程教学上使用时让设计者现身课堂与学生讨论交流。而由于每个人的生活经历不同、思想不同，使得学生对案例的理解，在方向和深度上都可能产生一定的偏差，不足以完全发挥优秀案例的应有价值并达到所预期的最佳教学效果。

（三）专业硕士本科专业背景不一，个体教学效果存在差异

我国目前对硕士生的招生，鼓励跨学科报考。因此艺术设计专业硕士生近年来逐渐走向多学科本科专业背景，比如有的硕士生本科修的是医学专业、有的是外语专业等等。硕士生本科专业背景差异，导致案例在教学

上的运用存在个人理解能力和最终学习效果的差异。

二、艺术设计类专业课程案例库的建设

为了案例库能顺利地应用于教学等诸多方面，为了顺应国家提倡艺术硕士应用能力和创新能力的培养，在建设案例库初期就必须认真思考，明确案例的教学对象、教学目标及预想通过案例库教学需达到的教学效果，以便建设案例库时把握正确的方向，保证案例库的准确性、客观性、典型性和新颖性。

（一）准确性

艺术设计类专业不同于美术类专业，它服务于社会，表达的是商品的精神，重视的是大众的喜好，因此强调实用性。艺术设计类专业硕士案例库最大作用在于教学，因此案例应根据教学内容进行有针对性地选择，力求准确。艺术设计类专业在教学中，课程与课程之间的联系紧密，关联性强。而在实际应用时，往往要求综合运用多门课程的专业知识进行设计，比如进行书籍整体设计，就牵涉到版式设计、插画设计、字体设计、色彩运用等不同的课程内容。这个时候选择案例就必须有针对性，选择实用的、适合教学内容的。因此，在艺术设计类专业硕士案例库建设时，首先要强调准确性。

（二）客观性

案例库中的案例，具有客观性很重要。案例需要尊重客观事实，有感而发，不能凭空杜撰。案例真实客观才能具有说服力。案例应来源于设计师、专业教师或学生的实战项目或社会实践。这些案例既可以是成功的、正面的案例，也可以是失败的、负面的案例，需要有从开始到结束的完整

过程，案例展示要清晰、完整，不能只是图片的简单罗列。案例客观说明了设计者在实践过程中的所思所想，所遇到的困惑、障碍和解决问题的途径，对教学有启发作用[3]。

（三）典型性

艺术设计在实际应用时，同一项目，不同设计者会有不同的构思。哪怕相同或相似的创意，设计者不一样也会有相异的视觉图形表现。在建设案例库时，每门课程的具体章节内容和要求不尽相同，应根据教学内容选择典型、匹配的案例。因此，案例库中的案例，应找出同类项目中典型、共性的因素，对比分析优缺点，选择最优的一个使之成为案例，展现艺术设计类专业的共同现象或重要特征，引导学生思考，以提升教学效果。

（四）新颖性

艺术设计是一种美的艺术，它的终极服务对象是社会，与社会经济、文化的发展和进步密切相关，带有鲜明的时代烙印。不同的社会背景，不同的经济模式，不同的技术手段以及不同的审美观念，都会对艺术设计产生深刻的影响。毫不客气地说，艺术设计称得上是一种"潮流"艺术，被迫处于不停地更新换代中。因此，艺术设计类专业硕士案例库中案例的采选，也要与时俱进，要体现新颖性，应采取滚动的方式更新案例库中的内容，以体现与当前社会经济的密切关系。

三、艺术设计类专业硕士课程案例库应用

案例库建立之后，其应用是多方面的，不仅可以在专业教师之间交流运用，还可以是学生之间的共享和交流。最主要则是应用于课堂教学上的示范、学生赛事和毕业设计之借鉴参考等教学方面。案例教学前应明确所达到

的教学目标并合理构架教学内容体系。案例教学目标可细分为三部分：

（一）教学目标

1. 夯实牢固的基础理论水平

"理论指导实践"，说明了理论的重要性。艺术设计类属于应用型学科，艺术设计类专业硕士是应用型人才。通过案例教学，使研究生在案例分析、讨论、学习的过程中夯实专业理论知识，理解元素选取、图形创意、造型方法、色彩运用等基础理论的实际应用。案例教学结合企业生产实际，回归设计本质，力求基础理论与应用的深度融合，为实现产学研结合铺路。

2. 提升学生学习能力和教师教学能力

案例教学，以拓展研究生自主学习空间、改变学习模式和提升、改变教师教学方法和方式，提升艺术设计类专业硕士研究生创新能力和实践能力，实现创新性和应用型人才培养为目的。案例教学可以较快提高学生研究能力和实际动手能力，学习他人成功经验，吸取他人失败教训，为研究生后续学习、研究走得深远打下实在的基础。

3. 提高学生专业素养和综合素质

创新，强调专业之间的关联性、交叉性以及对各专业知识的综合运用。艺术设计类专业在实际应用时，项目的创新往往要求同时运用不同的专业知识，需要与不同专业领域的人员合作。案例教学可以激发学生学习热情，激发研究兴趣，增强师生互动，加强校企联系，培养实践能力、创新意识与团队精神，提高研究生的专业素养和综合素质[4]。

（二）内容与框架

案例教学明确教学目标后就是需建立合理的内容与架构。艺术设计类专业硕士案例库建设按照艺术设计类学科主线进行，强调创意理论、创意思维、创意过程、创意成果，内容包括：设计理论的深化提升，设计思维的全面培养，创意过程的系统表达，创意成果的视觉呈现四大部分。

1. 设计理论的深化提升

艺术设计类专业的基础理论知识是后期进行设计应用的支撑。教学案例中包括文字分析部分和图片信息部分，案例详尽阐述了项目名称、背景、相关数据、问题冲突、原因分析、解决方法及最终效果等，有些还包括了设计师的个人反思。案例教学将案例从构思到成品的过程展示于学生面前，尤其是设计理论如何指导实践、转化成设计成为关键。而教学案例与专业课程内容相互映衬，无疑对学生的设计理论知识起到强化和提升的作用。

2. 设计思维的全面培养

研究生阶段不同于本科阶段，学生应有自己的研究方向，研究生教学也应是导师给出方向，学生通过大量阅读、交流、讨论等方式发现问题—提出问题—解决问题的过程。教学案例内容要贴近课程，通过案例的展示，教师可以提出诸多问题供学生思考。如"凤鸟纹的发展演变""凤鸟纹应用如何符合当代审美""凤鸟纹的文化内涵"等等。并通过案例的模拟设计，引导学生理解整合、重组、拓展，将传统视觉符号与设计进行转换组合的方法等全面培养设计思维、拓展创新能力。学生在具体真实的设计实例中，巩固所学基本理论，通过案例启发教育，设计思维将得到全面培养。

3. 创意过程的系统表达

创造性思维作为创造力的核心，对于艺术设计类研究生创新能力的提升尤为关键。培养敢于质疑、创新、逆向思维能力，对于提高研究水平和解决实际问题能力至关重要，此部分案例将着重培养这方面的能力。通过对每个具体案例的内容框架的表达，主要包括案例题目、问题背景描述、设计调研分析、文献资料收集、设计思路或设计问题剖析、设计创意方法、设计成果等,利用案例贯穿创意设计的系统表达过程,拓宽学生对设计研究的广度和深度。

4. 创意成果的视觉呈现

创意成果的艺术展示是研究生创新能力培养的必要环节。此部分案例主要汇集了创作过程中设计语言的多元化转变、艺术成果从二维化向多维化转变、科学技术手段对视觉艺术的有效反哺等。当下的艺术成果视觉呈现正朝着多元化特征发展,汲取技术手段和其他领域的精髓,整合利用资源,突破传统的常规形态,以更新颖、更先进、更能彰显文化艺术水平的多元化形式绽放。通过对案例中创意成果呈现的新兴艺术形式进行分析讲解,开拓学生眼界,提升基本技能。

结 语

艺术设计类专业硕士案例库的建设很重要,可以提供教学等多种用途。案例教学则建立在案例库建设取得成果的基础上,是用最直观的图示法配合调研、讨论、理论研究和实践操作等手段提高教学效果的教学方法。

参考文献

[1] 沈文哲. 以课程内容为导向的教学案例库构建研究 [J]. 辽宁警察学院学报, 2019 (5): 95-98.

[2] 孙建渊, 涂坤凯. 专业学位研究生案例库全过程建设研究 [J]. 教育探索, 2016 (12): 76-79.

[3] 彭娟. 艺术设计类专业课程群案例库建设及运用 [J]. 艺术教

育，2016（7）：188－189.

　　［4］孙建春，曹献龙，等．学位研究生案例库建设［J］．中国冶金教育，2019（5）：21－25.

　　　　　　　　　　　　　华侨大学　美术学院

华侨大学疫情期间学生在线学习调研报告[①]

陈　超　郑双杰[②]　陈明杰　伍宇波　池　杰　邱卓豪

摘　要：新冠病毒疫情突如其来，在教育部"停课不停教、停课不停学"的号召下，全国各省市教育部门紧急出台相关政策与意见，指导当地各类学校制定具体教学方案并开展大规模在线教学。华侨大学作为国内招收境外生留学的重要高等学府之一，其在线教学工作受学生来源、地域距离、网络设施、家庭环境、文化背景、语言问题等多方面因素的综合影响。为此，以华侨大学的境内生、境外生为调查样本，设计问卷调查疫情期间高校在线学习情况，探讨在线教学过程中存在的突出问题、影响因素及改进策略，从而为学生、家长、教师和管理层提供可资借鉴的参考。

关键词：在线教学；问卷调查；境外生；留学生；疫情防控

①　基金项目：华侨大学教师教学发展改革项目（项目编号：19JF - JXGZ23）；福建省大学生创新创业训练计划（项目编号：S202010385048）。

②　通讯作者：郑双杰（1985—），男，福建厦门人。副教授，博士，主要从事土木工程的教学与研究。

一、调研背景

2020 年上半年至今，因新冠肺炎疫情持续发展，为响应教育部"停课不停教、停课不停学"的号召，全国各省及地市的教育部门纷纷出台相关政策与意见，指导当地的高校、高职中专、中小学、幼儿园及培训业者制定具体的教学方案，利用互联网与信息化教育资源开展在线教学[1-3]。

在此情况下，华侨大学作为国内招收境外生留学的重要高等学府之一，其教学工作也受到了疫情的较大冲击和影响。华侨大学于1960 年由周恩来总理亲自批准设立，是直属中央统战部领导的侨校，目前是中央统战部、教育部与福建省实行"部部省"共建的综合性大学，为各行各业培养优秀人才超过 20 万人，现有在校本科生与研究生共计 3 万余人。华侨大学也是全国招收境外生最多的学校之一，在校境外生近 5 千人，约占学生总人数的六分之一。境外生来自全球 50 多个国家和地区，已毕业校友遍及港澳台、东南亚，以及海上丝绸之路沿线国家与地区，人数将近 5 万名，成为促进中国与境外地区交流的友好使者。

由于华侨大学的侨校特色鲜明，学生由境内生、港澳台侨及国际留学生等多种群体组成，在线教学工作在疫情中受地域距离、网络设施、家庭环境、文化背景、语言问题等多方面因素的综合作用，实际的学习效果难免受到一定的影响[4-5]。为此，以华侨大学的学生为调查样本，设计问卷调查研究疫情期间高校在线学习情况，目的是发现在线教学过程中存在的突出问题，分析其背后的原因和重要的影响因素，从而有针对性地提出相应的对策与建议，以期为学生、家长、教师和管理层提供可资借鉴的参考。

二、调研目的与方法

本次调研主要采用问卷调查结合个别访谈的方式，通过 QQ 群、微信群、朋友圈在线转发，向华侨大学在校学生随机发放问卷。该问卷基于在线调研平台"问卷星"设计制作，题为"疫情期间大学生在线教学方式的调查"，主要调查目的包括以下几个方面：

1．了解华侨大学在校学生疫情期间"停课不停学"的现状，主要是在线学习的投入时间、学习态度、平台偏好、影响因素及学习效果等；

2．了解境内生、港澳台侨生、国际生等不同学习主体应对在线学习的过程中所遭遇的挑战，特别是居家学习环境、学生心理状态、作息时间调整、学习工具繁多等问题；

3．了解学生对于在线学习的需求与倾向，包括从学生主体，到家长、专业教师及教学管理者等客体，各方面为提高学生在线学习的质量而可能采取的改进措施。

自 2020 年 7 月 1 日发放问卷起，截至 7 月 24 日为止，共计回收问卷 524 份，有效问卷 524 份。其中，参加答卷的境内生 388 人，含男生 207 人，女生 181 人；港澳台侨生 66 人，含男生 37 人，女生 29 人；国际生 70 人，含男生 31 人，女生 39 人。总体而言，男女生比例比较协调，接近 1 比 1。答卷人年龄呈正态分布，基本上在 18～25 岁之间，其中以 20～22 岁的人数最多，共 301 人，占答卷学生总数的 57%。从答卷人的学习阶段来看，包含本科生 388 人，研究生 136 人。这说明本次问卷调查的样本具有一定的代表性，能够较为客观地反映华侨大学境内生、港澳台侨、国际生等不同学生群体的在线学习情况。

三、在线学习现状与特点

1. 在线课程学习经验

关于是否有过在线学习的经验，参与答卷的境内生、港澳台侨生、国际生中，回答曾经有过类似的在线课程学习经验的比例分别为66%、44%和49%，而选择没有相关线上学习经验的比例则为34%、56%和51%。从问卷调研结果可以看出，半数以上的学生具有网课的学习经历，说明随着互联网技术的发展，在线网课已经较为普及。对不同学生群体的比较可知，多数境内生已经比较熟悉在线课程，更容易适应这种自主学习方式；而港澳台侨生、国际生接触网课的经验相对较少，需要适当加以鼓励和支持，增强其对在线学习方式的适应能力。

2. 在线学习平台选择

对于哪个在线学习平台使用最多，境内生的前三位选择是超星学习通（65%）、中国大学MOOC（59%）和腾讯课堂（48%）；港澳台侨生优选腾讯课堂（76%），中国大学MOOC（74%）和超星学习通（71%）；国际生则是超星学习通（70%），腾讯课堂（67%）及中国大学MOOC（44%）。其中，超星学习通的优点是课程资源共享、减少教师重复劳动；师生互动、生生互动的功能完备；课后作业可设置上传时效，方便督促学生及时完成。中国大学MOOC的优点是教学资源丰富，选择余地大；评论打分方便，可及时反馈；学习时间、空间不受限制。腾讯课堂的优点是PPT、画面、声音讲解可以实现同步；"举手""签到""答题卡"等互动快捷方便；具有课程记忆功能，方便多次学习；可分享音频、共享课程。对于相对学习时间较短的境外生来说，其在三个在线学习平台使用比例明显比境内生高，说明境外生主要集中使用几个出名的教学平台，能掌握使用的学习平台的数量较少。

3. 优质课程影响因素

在回答什么是优质在线课程的影响因素时，境内生最关注的是教师的教学方式（73%），其次是教师的语言风格（65%）与督促及教学互动（51%）；而港澳台侨生的前三位选择是网络的稳定性（68%），然后是教师的教学方式（65%）和教师督促及课堂互动（47%）；国际生最关注的是网络稳定性（53%）和教师教学方式（53%），其次是提供 PPT（46%）。这说明境内生的网络状态相对较为稳定有保障，其关注点更多在于教师身上；而港澳台侨生、国际生由于身处境外，首先考虑的是网络信号质量问题，因为在线课程如果不能成功连线，就无从开展教学内容、互动交流和考核评价。

4. 评价教师教学方式

针对在线学习过程中教师采用最多的教学方式，境内生、港澳台侨生及国际生的前三位选择是一致的，分别是全过程教学内容直播教学（69%、80%与56%），录播视频教学（52%、52%与47%）和部分知识点答疑直播教学（51%、50%与36%）。

相对的，如果让学生自主选择在线教学方式，则境内生最喜欢的是全过程教学内容直播（49%）和部分知识点答疑直播教学（49%），其次是在线精品课程教学（39%）和录播视频教学（36%）。港澳台侨生、国际生的前三位选择都是全过程教学内容直播教学（52%、43%），录播视频教学（36%、33%），以及部分知识点答疑教学（33%、29%）。

全过程教学内容直播教学是老师和学生选择最多和最喜爱的教学方式，这可能是因为其教学方式与课堂教学最为接近，师生之间可以实时互动交流，有助于及时反馈学习情况，而且最能够拉近师生之间的距离。录播课程可以随时暂停和回放，方便学生灵活安排学习时间，缺点是师生互动少和反馈难，听课效果不如直播课程。部分知识点答疑教学具有较强的针对性，对于查缺补漏、复习辅导较为适用。其他如在线精品课程具有优质的教学资源，可减少教师的重复投入，但建设周期较长；答卷人对自学的认可度不高，说明学生自主学习的能力和习惯仍有待培养。

5. 对待在线课程态度

在回答对于在线课程学习的欢迎程度时，境内生选择"非常喜欢"和"喜欢"的分别占到8%和32%，港澳台侨生的相应比例为15%和9%，而国际生的比例为3%和17%，这部分群体能够主动接纳网课学习，对网课持积极的态度。境内生、港澳台侨生及国际生选择"一般"，对网课持中立态度的比例分别为45%、44%和60%。最后是选择"不喜欢"和"非常不喜欢"的学生，三个学生群体的比例分别为12%和3%、12%和20%、11%和9%，这说明较少部分的学生对网课有抵触情绪，被动进行网课学习。总的来说，约有半数的学生对网课的态度不置可否，另外半数学生中，境内生欢迎网课的比例高于抵触的比例，而港澳台侨生、国际生持积极与消极态度的人数各占一半。

6. 在线学习时间调查

针对各类学生群体居家学习时间的调查结果显示，大部分学生为在线学习投入了较多的时间。其中，境内生、港澳台侨生、国际生每天在线学习时长超过6小时的比例为21%、16%和17%；学习时间介于3~6小时的学生比例分别为33%、20%和20%；在线学习时间为1~3小时的比例为34%、41%和43%；学习时间短于1小时的比例分别为12%、23%和20%。这说明半数以上的学生每日居家在线学习时长达到3小时及以上，总体而言，学生具有较高的学习积极性，仅有少部分人学习时长很短，基本上未完成在线学习任务。境内生比港澳台侨生和国际生选择长时间在线学习的比例更高。

7. 网课是否增加负担

对于在线学习是否增加学生的负担，境内生认为"非常同意"和"同意"的人数居多，分别占 15% 和 37%，选择"一般"的比例为 34%，而"不同意"和"非常不同意"占 14%。港澳台侨生的态度倾向更为明显，选择"非常同意"和"同意"的人占 30% 和 27%，认为"一般"的比例是 32%，仅有 11% 的人选择"不同意"和"非常不同意"。国际生则大部分不置可否，约 61% 选择"一般"，其次是"同意"（23%）和"非常同意"（10%），余下 6% 认为"不同意"和"非常不同意"。调研结果说明各学生群体普遍认为在线学习增加了学生的负担，仍需要不断进行教学方案的优化和升级改造。

8. 网课学习效果体现

针对在线学习的效果体现在哪些方面，境内生的前三位选项分别是课程知识点讲解清楚（68%）、课程的难点和疑点在老师的引导下理解清楚（64%）、能轻松完成课后习题（43%）。港澳台侨生优先考虑的是能轻松完成课后习题（47%），其次是难点和疑点理解清楚（44%），课程知识点讲解清楚（41%）。国际生最关注的是能轻松完成课后习题（43%）和课程知识点讲解清楚（43%），其次是难点和疑点理解清楚（41%）。这说明境内生首要关注的是课程知识体系的完整性，境外生则最为重视课程任务是否能够完成。

四、存在问题与原因分析

1. 在线学习共有问题

对于所有参与在线学习的学生而言，普遍存在的问题是在线课程繁多、学习环境不宜、自我管理混乱、师生互动不足及学习效果欠佳。具体分析如下：

（1）课程建设

从学生的角度来看，疫情期间开展在线学习的初期，经历了一个从混乱到逐步稳定的过程。虽然华侨大学在 2019 年已经开始加快推动在线课程的建设，超星学习通、智慧树、学堂在线、中国大学 MOOC、腾讯课堂等各种在线学习平台陆续进入大家的视野，但是课程建设的节奏是比较平稳地推动，仅部分教师在政策鼓励下尝试录制课程视频，建设在线教学资源库。2020 年春节期间，新冠疫情爆发，使得在线课程的建设变成迫在眉睫的任务，高校师生措手不及，没有适应在线教学的缓冲时间，只能硬着头皮上。许多在线学习平台也是抓住此机会，大力推广各自的教学平台与资源，争取各大高校教师、学生与管理者的青睐。

自中央到地方省市，从教育部到各大高校内部，"停课不停学"的指导文件、意见和通知纷至沓来。在这种情况下，从学生到教师都是"摸着石头过河"，第一要解决的便是课程资源建设的问题。以往许多资深教师具有线下精品课程建设的经验，而短期内无法及时而完整地转化为在线教学资源，既造成已有资源的闲置和浪费，又消耗大量时间和人力投入网课的重复建设中。优质在线课程的建设与线下精品课程建设类似，同样需要相当长的建设周期，才能使整个课程体系更加丰满而完善，好的课程都是需要精雕细琢的，要求教师在短时间内制作出精品课程是强人所难。即使在线课程建设完成，如何更好地发挥网课的教学效果，还需要师生共同熟悉课程平台操作和工具应用，以免在授课过程中发生"翻车"的尴尬情景。教学创新不可能一帆风顺，这种情况既需要教师和学生互相体谅，也需要管理层包容"试错"，抓住教学相长的主线和总趋势。

（2）学习环境

由调研及访谈的结果可知，学生居家在线学习面临的一大挑战是学习环境不适宜的问题，主要体现在家庭环境影响和缺少学习氛围。

其一，家庭环境对学生的在线学习效果产生极大的影响。大部分家庭的居家面积有限，难以为学生创设独立而宽松的学习空间，家庭成员的风吹草动都容易吸引学生的注意力，打扰学生的学习专注度。处于家庭的环境中，家庭活动以及家务活的安排都在挤压着学生的学习时间，使学生无法长时间投入到学习中去。

其二，缺少学习氛围是学生居家学习的消极因素。相对而言，校园环境为学生创设了较为适宜的学习氛围。从硬件上来说，教室、语音室、绘图室、图书馆、电脑机房、体育场馆等设施设备一应俱全。从软件上来说，院系领导的监督、思政教师的关注、专业教师的辅导、学习伙伴的交流，都构成了有利于学生融入学习氛围的良好条件。疫情突然，当习惯校园环境的学生忽然转换成居家学习状态时，原先外在的学习环境、压力或动力变得疏远，而学生自觉、自律、自主的学习习惯还未养成，这就使其易于懈怠或流于涣散。

（3）自我管理

既然远离学校环境，居家环境又不适宜，就需要学生加强自我管理，自觉远离各种诱惑，完成学习任务的要求和目标。遗憾的是，从作息规律、任务管理和学习时长等方面来看，都存在较多的问题。

首先，作息规律混乱极大地影响了学生的居家在线学习效果。按照学校课表，重要的课程一般安排在上午 8 点至 10 点，一日之计在于晨，人的精力在上午较为旺盛、注意力较为集中，适合学习难度较大的课程。但是，居家阶段的学生早起动力不足，到点不起床，或者醒而不起，赖在舒适的被窝里观看直播，甚而连课程直播也不看，只是开着视频放置在一边。等到半夜，没有室友的互相约束，没有宿管的催促熄灯，熬夜看手机或打游戏也是常有的事。如此昼夜颠倒，不仅影响课程学习，也会损害身体健康。

其次，任务管理混乱也是学生在线学习的一大拦路虎。不同课程选用不同的学习平台，其课程布局、使用方法均有所区别。学生需要下载安装、学习使用超星学习通、智慧树、学银在线、腾讯课堂、中国大学MOOC 等多种在线学习 APP，并对照课表不停地切换，迅速适应不同 APP的教学模式。由此，选课表、时间表、APP、授课教师、教学进度、课后习题、考核要求等形成了一个繁杂的学习任务系统。如果不能及时厘清其中盘根错节的关系，就容易使学生在网课伊始就深陷泥潭，疲于应付纷至沓来的学习任务。

最后，居家学习也需要适当地劳逸结合、张弛有度。一是长时间地进行网课学习，对学生的体力和脑力都是极大的消耗，特别是视频直播学习稍纵即逝，需要更加专注。有些课程虽然有视频回放，但二次学习会耗费更多的时间和精力，又影响后续的课程学习。二是不论电脑、平板或手机的屏幕，长时间观看都会因辐射而导致视觉疲劳，造成学生近视或加速视力下降，危害身体健康，影响日后择业。三是网络偶有卡顿，课程直播或回放不流畅，容易使人心情烦躁，产生厌课情绪，自制力不强的学生此时易受诱惑而分神。

（4）师生互动

教师与学生在课程学习过程中的互动与交流的频度和深度，是一门课程是否精彩的直接体现和重要标准。对于线下课程，要实现积极活跃的深度交流尚且很不容易，更遑论线上课程的教学，师生远隔千里。

第一是技术问题。主要体现为网络连接的流畅性不足，以疫情期间使用较多的腾讯会议为例，多人同时视频时，仅允许部分人打开视频摄像头，否则将出现明显的卡顿。因此，在线课程开始后，基本上学生全部进入隐身状态。

第二是距离问题。教师与学生隔着一层屏幕，不能及时捕捉学生的反馈，了解学生的听课状态。不论采用何种方式进行签到，学生都可以应付或签到后挂课，账号在而人不在焉，或人在而心不在焉。教师一般倾向于找课堂表现活跃的学生回答问题，通过面部表情和肢体动作等身体语言判断其听课状态。而这些信号在线上难以捕捉，对教师提问造成较大的干扰。

第三是心理问题。在线课程的授课过程，暴露在广阔的网络空间里。部分师生非常重视个人隐私，不愿意透露自己的姓名、性别和头像等信息。特别是由于在线课程的教学方式还在适应阶段，有限的授课时间里，学生对知识点的理解可能不够到位，不愿意在"大庭广众"之下出现失误。而且一些师生认为完成课程内容的讲授更重要，开麦或打字交流会浪费时间。这些心理障碍降低了师生互动交流的积极性。

（5）学习效果

不论线下或是线上课程，学生的学习效果，都是一门课程的建设是否成功的最终体现。从目前的教学探索得到的反馈是，学生突出反映学习时间增长、作业负担增加及畏惧考试等问题。

首先是教材。学生习惯了使用纸质教材进行学习，方便翻看全书了解课程内容的总体情况；可以在教材上勾画和标注重点与难点，便于预习和复习；而且纸质书具有独特的触感与味道，把一本新书翻旧是极特别的个人体验，对提升学习效果起到非常微妙的作用。在线学习时，教师对教材的各个章节、知识点进行分解，每个小节讲授其中某个或几个知识点，虽然便于学习，但是学生不容易建立对该课程体系的系统概念和印象。

其次是作业。在线课程的作业可能出现两种极端情况，一种是教师布置的任务主要是观看课程视频，而没有布置课后习题，这导致学生停留在课程理论知识的学习阶段，对应用实践解决问题的练习不足；另一种是教师布置了大量的课后习题，学生需要花费很长的时间完成，部分学生疲于应付而直接抄答案，而教师也没有充足的时间和精力细致地批改，这导致学生的作业负担增加又缺少反馈。

最后是考试。这是学生最关心的议题，也是矛盾最突出的地方。学生普遍反映，从在线学习的过程，难以把握课程的关键，导致考前反复询问授课教师，希望教师能明示考试范围和重要考点。这从一个侧面反映出，在线学习容易面面俱到而失于平铺直叙，陷入知识点全覆盖而重难点不突出的困境。

2. 港澳台侨生突出问题

对于港澳台侨学生而言，除了上述问题外，网络连接不畅及手机制式差异也是非常突出的在线学习问题。

网络连接不畅：香港、澳门和台湾地区，以及其他华人华侨聚居的国家和地区，受宽带信号影响，网络连接较卡顿，可能导致网课过程中出现黑屏、声音不清晰、影像滞后或者是 APP 完全打不开等情况。疫情本就对学生的心理造成极大冲击，加上网课学习不顺利，更是雪上加霜，极易挫伤港澳台侨生在线学习的积极性，甚至坠入破罐子破摔的境地，更不必说加深对网课内容的掌握程度了。

手机制式差异：有些在线学习平台的 APP 需要手机认证，使用内地的电话卡拨打电话或收发验证短信。部分学生原先就开通了国内手机账户，需要利用国际漫游功能收发信息与拨打电话，需要支付一定的电信费用。还有部分学生借用同学的境内手机账户，登录在线学习平台，多次操作较为麻烦。另外部分学生在登录受挫后，完全放弃在线学习，欠缺的课程任务与作业越来越多，积重难返，不得不选择重修。

3. 国际生突出问题

国际生远离中国内地，与港澳台侨生同样面临着网络连接不畅、手机制式差异等问题。此外，国际时差问题与语言沟通障碍也影响了在线学习的效果。

国际时差问题：对于国际生而言，其所在国家一般与中国存在时差，有些国家的时差甚至大到与中国昼夜颠倒，导致国际生需要更早地起床听课，或者是半夜上网课，严重影响日常作息。这就需要国际生及时调整作息时间，或者与授课教师沟通，获取课程回放的途径，否则国际时差引起的作息混乱问题，偶尔熬夜还可接受，长此以往对身体将造成不可逆的严重损害。

语言沟通障碍：国际生在家中缺少说中文的氛围和环境，导致口语和语法有些遗忘，增加了学习的困难。一般情况下，汉语或英语是常用的教学语言，而国际生与家中亲友采用汉语进行对话的可能性较低，许多国家的官方语言也不是英语。语言环境的变换极大影响国际生的语感，会降低国际生在线学习的效率，损害其参与课堂讨论交流的积极性。

五、对策与建议

1. 从学生角度

对于学生而言，首先需要从心理上自我调适。疫情突如其来，造成了许多国家和地区的混乱，截至 2020 年 8 月初，全球确诊人数近 2000 万，其中近 500 万确诊病人在美国。在这么严峻的形势下，我们国内累计确诊人数约为 9 万人，而且绝大部分已经治愈，死亡人数约 5 千人。这说明我们国家的防疫措施是非常到位的，疫情总体上得到了有效的控制。为此，学生需要强化信心，不信谣不传谣，安下心来做好自己的事情。

其次，建议学生寻找内生的学习动力。长期居家学习，安逸舒适的环境容易使人产生惰性。借此机会，不妨认真思考毕业后的去向和目标。不论学习的目的是为了耀眼的成绩、父母的期望、奖学金和荣誉、体面的工作或深造的机会等，都是值得肯定和鼓励的。更重要的是，寻找自己内心的渴望，也就是自己真正感兴趣或愿意付出代价去达成的目标，并将其与社会的进步、国家的需求结合起来。如此，方能克服懒惰心理和外界诱惑，为自己的立身之本而学习。

最后，督促学生养成良好的作息习惯。如果晚上很晚睡觉而精神状态不佳，导致早上起不来，甚至养成在被子里上课的习惯，会严重影响学习效率。家校应该联动，帮助学生制定一个实事求是的学习计划和劳逸结合的时间计划表，合理安排每天的课程、作业、娱乐和休息时间。同时，授课过程需要营造一定的仪式感，学生应避免穿着睡衣听课，移走容易产生干扰的物品，使学习环境与在校时接近。境外生需要多花一些时间复习汉语，提高学习的效率，并与授课教师联系，获取课程回放学习的资源，减少因手机制式或网络连接造成的影响。

2. 从家长角度

从家长的角度来说，首要的是将自己的工作与生活状态安顿好。疫情期间，停工、复工、失业、创业等情况时有发生，家长作为各个家庭的顶梁柱，责无旁贷地需要保证充分的经济来源，维护家庭关系的和谐，使自己的孩子没有后顾之忧。

其次，是营造良好的学习环境。家长在家中应尽量避免看电视、玩手机给孩子带来的杂音干扰，既影响孩子的注意力，又打击孩子的学习积极性，造成"你自己在玩，凭什么管我"的逆反心理。家长是孩子最好的老师，建议家长适当放弃自己的娱乐时间，可以陪伴在孩子身边，完成自己的工作，或安静地阅读书报，为孩子创造一个良好的学习氛围。

最后，家长可借机加强与孩子沟通，促进亲子关系。疫情大大增加了亲子相处的时间和机会，而大多数家长以前可能关注孩子成绩较多，而忽略了沟通交流，对孩子心理状态了解不多。建议利用疫情在家或下班回家的时间，放下身段多与孩子交流，倾听孩子真实的心声，弥补亲子关系的隔阂，帮助孩子找到自己内心的渴望和学习的源动力。

3. 从专业教师角度

教师是在线学习过程中直接为学生提供服务的角色，也是引领和指导学生顺利完成在线学习任务、达成学习目标的指路明灯。为此，各课程专业教师需要发扬"传道授业解惑"的师道精神，严要求高标准地完成疫情期间的教育教学任务。

第一，授课前教师应做好充分的准备。及时关注学校的教学安排和关键时间节点，避免遗漏重要的教务通知，并通过 QQ 群、微信群等转发给相应的授课班级，使学生明确总体的教学计划。还需要主动接受新事物，熟悉中国大学 MOOC、学堂在线、智慧树、超星学习通等在线教学平台，并掌握各功能模块的操作方法。优先从国家级、省级精品在线开放课程中挑选优质课程资源，丰富课程内容，拓宽学生知识面。调试好电脑、摄像头、麦克风等硬件设施，选择网络稳定、环境安静的场所。提前在班级群上传 PPT、音频、微课视频、教学计划、学习任务清单等教学资料，方便学生预习，为上课做好准备。

第二，教师在授课过程中应优先保证课程进展顺利，同时适度激发学生的积极性。考虑到境外生时差问题，教师可以适当调整授课时间，或者录制授课视频，供境外生回放学习，减少境外生作息混乱引起的困扰。对于直播课不喜欢连麦的学生，允许他们打字交流。教师还应鼓励学生主动回答问题，例如为抢答、答对的学生酌情加平时分，提高学生课堂参与度，调动学习的积极性。如果在直播过程中出现网络卡顿等紧急情况，教师可根据提前准备的预案，以保证课程总体进度为基本原则，进行灵活的应对和调整。

第三，每次在线课程学习结束恰恰是学生自学的开始，也是学生之间拉开差距的重要原因。建议教师当堂布置适量的作业，合理设置作业完成的时间，及时批改作业并反馈，不因线上授课放松对学生的要求。对于按时完成作业有困难的学生，教师应及时沟通，了解学生生活、学习上的困难，提供适当的帮助。对于课后作业出现的问题，教师可在授课群里对学生集中答疑，并做好对学生的个性化学习辅导。课后也可以整理归纳重点、难点等资料发在授课群里，方便学生复习。对于不喜欢在课上交流的学生，可以鼓励他们与教师私聊沟通。

4. 从教学管理者角度

疫情对高校在线教学造成了巨大的冲击，各种真假难辨的消息充斥网络与传媒，教师、学生与家长都在应对这场战役中如战士一般使出浑身解数，而教学管理者则扮演着指挥官的角色，需要为在线教学工作的顺利运转制定合宜的策略和方案，从而运筹帷幄、决胜千里。

最为重要的事情是统一思想、稳定人心。学校、学院与系所等各级管理部门，需要树立勇于承担责任、富有担当精神的领导者形象，及时公开和发布最新信息和通知，增强全校教职员工与学生克服暂时困难、做好持久战的必胜信心。线上教学活动的组织要服从疫情期间中央和地方政府的防控工作大局，在确保师生安全的前提下开展工作，优先考虑学生的身心健康。可利用校医院、心理中心等现有资源，开通心理支持热线和网络心理辅导服务，为学生提供疫情期间的心理支持，缓解学生焦虑问题。

其次是统筹安排、分工有序。学校领导层与教务部门要加强在线教学监督，落实教学时间、内容、人员，确保线上、线下的教学效果同质等效。及时制定应急预案，协助学生解决软硬件的条件限制或其他影响在线学习的实际困难。对接受治疗、医学观察或隔离的学生，安排补课计划，让他们解除隔离、医学观察或康复之后及时赶上进度。因防疫需要无法按时授课的教师，学校要协调其他教师代课，或调整其教学安排。部分实习、实践课程和体育课不适于在线完成，对非毕业班建议灵活调整教学时间，对毕业班建议考虑其他等效的完成方式，尽量避免重复学习和延期毕业。

最后是利用疫情的机会提升改造、点石成金。教师在疫情期间集中突击建设了大规模的网课，但课程质量参差不齐，满足教学基本要求尚可，而从长远来看则有待提升。建议对标一流课程"双万计划"，精选有潜力的课程和案例给予教改立项支持，推动各学院建设一批特色鲜明的优质课程。为提升课程质量，学校需统筹提供教育资源公共平台服务及协助辅导答疑，学院应组织开展教师在线学习培训，熟练掌握网络教学平台系统的各项功能，积极开展基于在线平台的教学方式改革。除课程教学外，管理者也可以这次全民抗疫为契机，向学生进行生命教育，引导学生尊重、珍惜和热爱生命，帮助学生树立积极乐观的生活态度，培养健康向上的人格。

参考文献

[1] 沈宏兴，郝大魁，江婧婧."停课不停学"时期在线教学实践与疫后在线教学改革的思考——以上海交通大学为例 [J]. 现代教育技术，

2020, 30（5）：11 – 18.

[2] 万昆, 郑旭东, 任友群. 规模化在线学习准备好了吗? ——后疫情时期的在线学习与智能技术应用思考 [J]. 远程教育杂志, 2020, 38（3）：105 – 112.

[3] 邹园园, 李成军, 谢幼如. 疫情时期高校在线教学"湾区模式"的构建与实施 [J]. 中国电化教育, 2020（4）：22 – 28.

[4] 纪宏璠, 于艳华, 陈晓希. 以在线开放课程建设为契机探索民族院校课程教学改革新路径——以中南民族大学为例 [J]. 中国教育信息化, 2018（10）：55 – 58.

[5] 陈武元, 曹荭蕾. "双一流" 高校在线教学的实施现状与思考 [J]. 教育科学, 2020, 36（2）：24 – 30.

华侨大学　土木工程学院

"双一流"建设背景下华侨大学人文社会科学研究基地建设的问题及对策①

陈俊源

摘　要：高校人文社会科学研究基地建设是"双一流"建设的重要内容和重要依托，华侨大学人文社会科学研究基地建设已推进多年，其建设已取得一定成效，但在内部建设方面依然存在诸多问题亟待解决。通过逐一剖析问题和困境，从学校层面、学院层面、基地层面和基地人员层面等多角度提出问题解决办法，以有效提升我校人文社科研究基地建设质量，推动学校"双一流"建设进程。

关键词：双一流；人文社科研究基地；问题；对策

2015 年 8 月 18 日，中央全面深化改革领导小组第 15 次会议审议通过《统筹推进世界一流大学和一流学科建设总体方案》，决定统筹推进建设世界一流大学和一流学科。2015 年 10 月 24 日，国务院印发《统筹推进世界

---

① 基金项目：2018 年华侨大学校级基金项目（项目编号：20182XD032）。

一流大学和一流学科建设总体方案》。2017 年 1 月 24 日，经国务院同意，教育部、财政部、国家发展和改革委员会联合印发《统筹推进世界一流大学和一流学科建设实施办法（暂行）》。2017 年 9 月 21 日，教育部、财政部、国家发展改革委联合发布《关于公布世界一流大学和一流学科建设高校及建设学科名单的通知》，世界一流大学和一流学科建设高校及建设学科名单正式确认公布。

"双一流"建设政策实施后，各省级政府相继出台了"双一流"建设专项政策或与之相关的高等教育政策文件[1]，自此，我国高等院校进入"双一流"建设时代，各高校摩拳擦掌，纷纷通过各种举措着力推进"双一流"建设，力争进入"双一流"高校行列。

根据国务院《统筹推进世界一流大学和一流学科建设总体方案》，"双一流"建设的一个重要任务是——提升科学研究水平。文件里提到要"大力推进科研组织模式创新，依托重点研究基地，围绕重大科研项目，健全科研机制，开展协同创新，优化资源配置，提高科技创新能力……"，可见高校人文社科研究基地建设是"双一流"建设的重要内容和重要依托。

梳理我国高校人文社科研究基地的建设历程，不难发现，研究基地的建设一直是衡量高等学校科学研究水平的重要指标。教育部自 1999 年 6 月印发了《普通高等学校人文社会科学重点研究基地建设计划》，正式启动高校人文社会科学重点研究基地的建设，先后分 5 批在全国 66 所高校建立了 151 个重点研究基地，基本覆盖了人文社会科学各个学科和重要研究领域[2]。

随后，各省市也根据教育部的相关安排，启动了省市人文社科研究基地的建设。比如，广东省教育厅自 2003 年启动广东省普通高校人文社科重点研究基地建设[3]，福建省教育厅自 2006 年启动了首批省高校人文社科研究基地建设，2007 年 12 月上海市教委批准在上海市 7 所高校建立 10 个

"上海市高校人文社会科学重点研究基地"[4]等等,不一而足。

对于基地建设的标准,时任教育部社政司司长顾海良曾提过两个一,即"一流"和"唯一"的要求。所谓"一流",就是要求建立的重点研究基地在确定的研究领域应该在全国是一流的,或者在评审时至少在全国高校同一研究领域是一流的,经过若干年的建设有望在全国同一研究领域达到一流。所谓"唯一",就是说在同一领域,同一研究方向只设一个重点研究基地,要求建立的重点研究基地切实成为该研究领域的中心,在繁荣和发展我国人文社会科学研究方面明显地居于领先地位[5]。可见,早在研究基地建设之初,就是朝着"一流"的目标前进的,当下高校"双一流"建设与之其实是一脉相承的。

一、华侨大学人文社科研究基地建设的历史及现状

华侨大学人文社科研究基地的发展与建设和整个国家文科研究机构的发展和建设紧密相关,也是从文科科研机构的建设开始着手的。1981 年,华侨大学华侨史研究室成立,这是我校最早成立的人文社科科研机构,1986 年,华侨史研究室升格为华侨研究所;1983 年,高等教育研究室成立,1991 年,高等教育研究室改建为高等教育研究所。1993 年,学校设立社会科学研究所和台湾经济研究所;1995 年,华侨研究所改称华侨华人研究所,为直属学校的重点科研机构;至 1999 年,学校文科科研机构已初具规模。期间,为加强科研机构建设、提高效益,学校制定了《科研机构评估条例》,定期对各科研机构的结构、运行及效益按标准进行达标评估。学校对达标者给予奖励;对于未能达标者,令其限期整改,直至撤销[6]。

1999 年,教育部启动了人文社科重点研究基地的建设,随后相关部委、各省教育厅也相继出台了人文社科研究基地建设的文件。在此背景下,为做好学校人文社科研究基地建设,2000 年以后学校提出了建设教学

科研型大学的奋斗目标，进一步加大资金投入，整合科研资源，全力推进科研创新平台和社科研究基地建设[7]。

2006年4月，华侨大学数量经济研究中心、东方企业管理研究中心纳入福建省高校人文社会科学研究基地首批建设名单，是华侨大学获批的第一批省级人文社科研究基地。2009年9月15日，中国旅游研究院旅游安全研究基地（CTSSR）由国家旅游局正式批准，在华侨大学旅游学院挂牌成立。该基地是由中国旅游研究院进行学术管理、依托华侨大学旅游学院成立的旅游安全研究机构，是中国旅游研究院第一批设立的五个外设研究基地之一，也是华侨大学第一个部级人文社科研究基地。2012年5月，学校成立了社会科学研究处，专门负责学校人文社会科学研究的规划、组织、协调和管理工作；2013年7月，华侨大学颁布《华侨大学哲学社会科学繁荣计划》，并启动实施"人文社会科学研究基地培育与发展计划"，制定了《华侨大学人文社科研究基地建设与管理办法》，自此华大的人文社科研究基地建设提上了更加重要的议程。

截至目前，华侨大学人文社科研究基地建设已形成有专门机构负责，有制度文件规范，有目标考核管理，有经费配套支持等较为完善的建设管理模式。经过多年的建设，目前华侨大学已有各类省部级人文社科研究基地15个、校级基地14个，渐次成为学校人文社会科学研究和科研制度创新的重要平台，为学校产出创新成果、形成学术交流平台、带动学校哲学社会科学发展创新发挥了重要的作用。

二、华侨大学人文社科研究基地建设存在的主要问题

笔者曾经对学校人文社科研究基地（以下简称"文科基地"）建设进行了详细的调研，发现学校文科基地建设虽然取得了一定的成效，但总投入—产出效益不高，普遍存在研究方向和特色不够凝练、基地与学院工作

交叉重复、人员凝聚力及科研积极性有待提升等问题，在"双一流"建设背景下，离基地建设的"一流"标准还相距甚远。

（一）组织管理不力，负责人未发挥带头和引领作用

部分基地组织管理不力，很少以基地名义组织学术活动，定期开展基地成员交流，或常年不组织学术活动和交流，缺少基地管理规章制度或没有基地管理规章制度，负责人作用没有发挥或缺少抓手无法发挥。存在以下三种情形：一是基地负责人管理积极性不高，不愿意承担基地管理工作；二是负责人为主要行政领导兼任，无暇顾及基地工作，基地管理工作主要由秘书承担；三是负责人单兵作战，缺少有力的管理助理和研究团队，研究开展缺少科研助手等。

（二）科研人员凝聚力不强，学术共同体意识缺失

人文社科研究基地是学术共同体建设的重要载体，是研究团队构建和发展的重要平台。然而，我校大多数研究基地较少组织学术活动或不组织学术活动，人员凝聚力不强，成员间缺乏联系、分工与协作，存在"各自为战""单兵作战"现象，对科研团队重要性和必要性缺乏认识。目前，除旅游安全中心、海外华人宗教与闽台宗教研究中心、生活哲学研究中心等有定期组织学术活动，召开学术会议以凝聚基地成员，树立学术共同体意识之外，其他基地普遍存在上述问题。

（三）基地研究方向分散、不够聚焦，基地人员拼凑

对于研究基地建设来说，研究方向就是建设工作的"纲"，在研究基地立项之时，就应当有非常确定的研究方向，建设工作要围绕研究方向这个"纲"来规划投入，确定相应的建设规模、建设水平、拟定建设和发展

计划[8]。然而,我校大多数基地研究方向存在以下问题:一是研究方向、研究目标不明确;二是研究方向过大、分散、不够聚焦;三是各个研究方向人员配置不合理,方向带头人不明确,存在人员拼凑现象;四是研究方向的特色和优势难以凸显。东方企业管理研究中心、东亚法律文化研究中心、闽南文化研究中心、台湾经济研究所、华文教育理论研究中心等基地此类问题尤为突出。

(四)资源配置不合理,经费使用效益不高

各基地投入—产出效益不高,学校经费供给与基地经费需求不相匹配,基地经费使用效益不高,执行率总体偏低,学校自2015年起共计投入1177万元基地建设经费,资助29个人文社科基地(含智库),然而每年大部分基地经费执行率均低于50%,部分基地甚至不足20%。学校对资源的配置不符合各基地发展不平衡不充分的现状。部分基地依托学院学科建设经费或其他渠道经费充足,基地建设经费使用需求低,执行率低。如:东方企业管理研究中心、侨务公共外交研究所、数量经济研究中心、中国海外发展研究中心、地方法治研究中心、泰国研究所等。部分基地依托学院经费有限,学术带头人和负责人有热情开展工作,但经费有限,限制活动开展。如:台湾经济研究所、翻译研究中心、体育与健康科学研究中心等。

(五)基地工作与学院工作高度重合,基地缺乏相对独立性

科研基地本应是科研机构中成果突出、优势明显、具有引领性、示范性的平台,是科研机构中的"标杆"与"高地",应当具有相对独立性,以凸显其比较优势。然而,目前大多数研究基地与学院、研究院工作高度重合,研究方向与研究内容重复,研究人员与学院教师队伍基本一致,在

学院和基地考核时，同一成果同一活动多次计算；基地成果显示度较差，基地的作用几乎没有发挥。

（六）基地人才队伍不强，人才引进困难

由于基地缺乏独立性，基地的人才队伍建设一直比较薄弱，大多数基地缺少专职的研究人员，研究人员绝大多数与学院重叠，没有独立编制。人员招聘较为困难，基地负责人需要的研究人才未能实质性引进。原因是人才引进审批程序复杂，学校人事制度限制基地负责人的用人意志，加之学校薪酬等吸引力不足。此类问题比较突出和典型的是中国海外发展研究中心和泰国研究所等基地。

（七）激励机制不足，基地成员科研积极性较差

激励机制不足表现在成果评价不完善和人员奖励不足方面：一是对于基地的奖励不足，学校科研业绩核算以学院为单位展开，缺乏对基地建设的奖励机制；二是基地成员合作撰写的论文、著作等成果，仅仅给予第一作者相应的认定，第二作者的成果无法用于评聘、考核等；三是基地经费按学校科研经费管理办法执行，无法对现有人员取得的成果进行奖励，也无法用经费设置开放性课题研究，学校财务管理严苛，存在"报销难"的问题。这些因素一方面限制了基地使用科研经费的积极性，另一方面也挫伤了基地成员开展科研活动的积极性。

三、解决问题的思路及对策

设置和支持人文社科研究基地发展的初衷原本在于组织学术创新团队，培养优秀科研人才，产出重大科研成果，并积极探索科研管理体制机制创新，以提高科研人员积极性、主动性和创造性，从而激发学术活力，

提高学校整体科研水平。然而，目前我校人文社科研究基地的发展不仅没有实现原本的目标，反而一定程度上成为所在学院和科研人员发展的鸡肋，这不得不引起重视和深思。

解决人文社科研究基地目前的问题和困境，是一个比较复杂和长期的系统工程。不仅需要学校各相关职能部门协同攻关，在体制机制方面花心思做文章；还需要各学院、各学科、各基地负责人以及科研人员改变观念，协同一致，肯花精力和时间，才能有效地解决。

（一）学校层面需要创新科研管理和科研评价体制机制，从政策层面激励人文社科研究基地发展

1. 人事管理部门应当在人才引进、职称评聘、业绩考核、津贴分配等方面赋予研究基地独立行使职责的权利。

在人员编制和人才引进方面，应该给基地一定数量的科研编制（或者流动性科研编制），实行以科研为主型的工作量考核制度，并将这部分编制的科研人员的人才引进权限下放给基地；在职称评聘、业绩考核和津贴分配方面，应该对基地的科研人员单列名额，单独设置评聘条件，对较为突出的基地标志性研究成果（如各类蓝皮书等）、重大成果的第二作者（即所谓集体成果，第二作者也有贡献）在职称评聘和考核时给予相应的级别认定，并给予一定的津贴奖励，以真正提升基地科研人员的研究积极性和创造性。

2. 科研管理部门应当优化资源配置，有效发挥基地经费的扶持作用，落实基地考核评估机制。

针对各基地的实际情况，社科处可以考虑改变之前按省级、校级分层次统一标准予以经费资助的做法，优化资源配置，按照基地建设情况和经费需求情况，进行经费支持调整，将科研经费投入到发展急需、组织管理

有力的科研基地上面；设置基地前期启动经费，对于基地运行良好，已产出成果的，再给予配套经费扶持，从而盘活有限的经费资源；对于经费使用率过低、没有开展工作或者工作停滞的基地，可以收回剩余经费；要严格按照基地管理文件，强化组织管理，执行三年退出机制，增强基地发展的"忧患意识"，清理"僵尸"机构。

3. 学科建设部门应当将研究基地建设成效纳入学院的考核指标，并可根据研究基地发展质量划拨学科建设经费。

由于人文社科研究基地的建设质量和成效并没有纳入各学院领导的任期考核体系，一定程度上也导致非学院领导担任基地负责人，对基地重视程度不够，疏于基地管理和督促，导致基地立与不立都区别不大。因此将基地建设的成效（而不仅仅只是考虑基地的数量指标）纳入学院领导的目标考核，并且作为划拨学科建设经费的一个指标考虑，这样可以刺激学院和学科更加重视基地的建设与发展，真正让基地"运动"起来。

（二）各学院、学科、基地和科研人员要转变观念，认清基地的定位和存在价值，加大力度投入基地建设

1. 各学院、各基地要正确认识基地存在和发展的定位和存在价值，认识基地与学院的功能区别。

科研基地，是科研机构中成果突出、优势明显、具有引领性、示范性的平台，是科研机构中的"标杆"，学术共同体建设的重要载体，各个方面都要体现出引领和导向作用。科研基地设立的目的是把研究志趣相投的人聚在一起，凸显、拔高某一领域的研究优势，真正凝聚大家，开展学术活动。这就要求基地所在的学院领导、基地主任要转变思想，正确把握基地的定位，认识到基地与学院的功能有别，努力发挥基地的存在价值。

2. 各学院、各基地要重视基地主任的选任工作。

基地主任是基地发展的核心和灵魂，需要具备较强的组织领导能力、学术号召力和学术规划能力，并具备较高的工作热情和科研积极性，能够清晰地规划基地工作，凝聚基地成员。因此，各学院、各基地要强化和发挥基地负责人、学术带头人对基地的引领和带动作用，选任适合的人员担任基地主任，以真正将基地成员凝聚起来，加强团队建设，打造学术共同体。

3. 各基地要以学科建设为导向，找准基地研究方向。

基地要发展，基地的研究方向十分重要。各基地的研究方向要与所在学院的研究领域区别开来，避免重复，要聚焦研究领域，提炼研究优势；要认清学院与基地的区别，学院教学科研工作与基地研究工作的区别，将有能力、有热情、有干劲的科研人员集中在一起，摒弃人员拼凑现象，真正将研究力量凝聚在某一个研究领域和方向，真正为所在学院学科点、学位点建设提供有力支撑。

4. 各基地要建立健全基地规章制度和建设规划，定期组织开展学术活动，营造良好的科研氛围。

基地的建设成效如何，很大程度取决于基地的整体规划和基地良好规章制度的保障。调研也发现，那些建立良好规章制度，有明确的建设目标和规划，并定期组织开展学术活动的基地建设成效就比较好。比如生活哲学研究中心、海外华人宗教与闽南宗教研究中心、旅游安全研究中心。因此，各基地要努力健全基地规章制度，建立明确、可行的基地发展规划，并经常性组织学术研讨、学术会议，营造浓厚科研氛围，凝聚科研人员力量，从而激发科研人员的积极性、主动性和创造性。

四、结语

"双一流"建设是党中央、国务院作出的重大战略决策，旨在促进我国高校内涵式发展，提升我国高等教育整体发展水平，促进高等教育强国建设[9]。目前，各高校"双一流"建设的竞争愈发激烈，学校科研水平的高低是"双一流"建设的重要衡量指标，而人文社科研究基地建设的成效将在一定程度上反映高校"双一流"建设的成绩，也应是华侨大学"侨校＋名校"建设的应有之义。因此，对于即将迎来建校 60 周年的华侨大学，在全国全省高校科研竞争日益激烈的当下，理清人文社科研究基地建设过程中的种种困难和障碍，凝聚全校上下的力量，在资源有限和竞争激烈的环境下，努力发挥人文社科研究基地引领学校科研的作用，是目前重要而又紧迫的课题。

参考文献

［1］周湘林，朱江煜．"双一流"建设：政策功能逻辑及其发挥［J］．北京教育（高教），2020（6）：20－24．

［2］佚名．十年培育人文社会科学的"国家队"——高校人文社会科学重点研究基地巡礼（一）［N］．中国教育报，2011－03－24．

［3］杨杰，潘启亮．广东省人文社科重点研究基地发展现状审视与思考［J］．科技管理研究，2016（5）：87－110．

［4］周慰，薛婷彦．促进学科发展 提升创新能力——上海市高校人文社会科学重点研究基地成果初显［J］．上海教育，2009（7）：24－25．

［5］顾海良．改革发展创新——关于高校人文社会科学重点研究基地建设的几个问题［J］．全球教育展望，2001（1）：3－6．

［6］贾益民．华侨大学志（1960－2010）［M］．北京：中国文史出版社，2015：307．

［7］贾益民．华侨大学志（1960－2010）［M］．北京：中国文史出版

社，2015：307.

[8] 赵玉龙，张冬生，李静. 高校研究基地建设现状的思考 [J]. 技术与创新管理，2008，29（5）：444－446.

[9] 周湘林，朱江煜. "双一流"建设：政策功能逻辑及其发挥 [J]. 北京教育（高教），2020（6）：20－24.

华侨大学　社会科学研究处